U0454034

律师庭外言论规则研究

以辩护律师为考察对象

张培 著

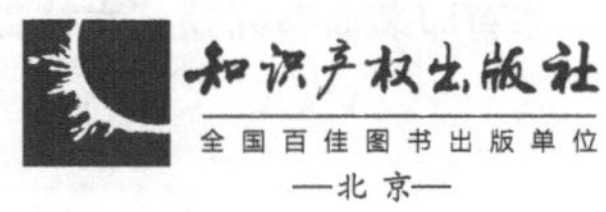

图书在版编目（CIP）数据

律师庭外言论规则研究：以辩护律师为考察对象 / 张培著 . —北京：知识产权出版社，2024.7

ISBN 978-7-5130-8590-8

Ⅰ. ①律… Ⅱ. ①张… Ⅲ. ①律师—法律语言学—研究 Ⅳ. ① D90-055

中国国家版本馆 CIP 数据核字（2023）第 000379 号

责任编辑： 庞从容　　**责任校对：** 谷　洋
执行编辑： 赵利肖　　**责任印制：** 刘译文

律师庭外言论规则研究：以辩护律师为考察对象

张　培　著

出版发行：	知识产权出版社有限责任公司	**网　　址：**	http://www.ipph.cn
社　　址：	北京市海淀区气象路 50 号院	**邮　　编：**	100081
责编电话：	010-82000860 转 8726	**责编邮箱：**	pangcongrong@163.com
发行电话：	010-82000860 转 8101/8102	**发行传真：**	010-82000893/82005070/82000270
印　　刷：	北京建宏印刷有限公司	**经　　销：**	新华书店、各大网上书店及相关专业书店
开　　本：	720mm × 1000mm　1/16	**印　　张：**	14
版　　次：	2024 年 7 月第 1 版	**印　　次：**	2024 年 7 月第 1 次印刷
字　　数：	200 千字	**定　　价：**	78.00 元

ISBN 978-7-5130-8590-8

本书系中国法学会“律师庭外言论规则研究——以辩护律师为考察对象”科研项目［立项编号：CLS（2022）C20］最终成果

顾永忠序

“人的本质是一切社会关系的总和”，这是马克思的一句名言，对近代世界各国思想界产生了广泛、深远的影响。其核心含义是，在人类社会没有抽象、纯粹自然意义上的“人”，无论是个体的人还是群体的人，都是相互影响、相互制约、相互作用的“社会人”。所谓“社会人”本质上是指每个人的思想、言论、行动无时无刻都会受到各种社会关系的影响、制约和作用。并且由于人的一生大部分时间是在不同的职业生涯中度过的，以致在人所处的所有社会关系中，职业关系及由此产生的职业伦理对人的思想、言论和行动的影响、制约和作用最为深刻。

律师作为现代法治社会的产物和不可或缺的重要职业，不仅随着律师职业的产生、发展形成了独有的职业伦理，而且反过来又影响、制约、作用着律师职业的生存和发展。从内容上讲，律师职业伦理涉及律师职业的方方面面，其中既包括对律师职业言论也包含对文字的规范和要求，并且由于其在律师职业活动中的特殊地位、作用，使其成为律师职业伦理中最为重要的组成部分。但是，遗憾的是，由于律师职业在我国产生得比较晚，且历经坎坷曲折，律师的职业伦理包括对律师职业言论予以规范、要求的职业伦理尚在萌芽、生成之中，并不成熟，亟须业内外有识之士探索研究、发展完善。

在此背景下，我作为一名从业三十年的律师和对律师制度与实务给予较多关注、研究的学者，高兴地看到并热忱地向大家介绍一部专门研究律师职业言论问题的重要著作——《律师庭外言论规则研究——以辩护律师为考察对象》，作者张培是法学博士，也是一名执业十多年的刑辩律师。

这部著作研究的辩护律师庭外言论，是刑事司法领域一个既敏感又复杂的问题。它不仅关涉律师作为公民的言论自由和作为律师的职业言论之间的相互关系及其界限，更触及对司法公正的影响和对律师职业的社会评价。特别是随着社会的发展和信息技术的进步，这一问题的现实意义和挑战性愈加凸显。张培博士以律师的职业敏感和扎实的理论功底，在书中不仅系统梳理了国内外关于律师庭外言论的法律规制和实践做法，而且在此基础上勇于探索，以适应我国司法实践需要为目标，提出了在我国构建律师庭外言论规则体系和监管模式的设想。我认为这部著作的出版是我国理论界在辩护律师庭外言论规则研究领域的重要成果，不仅丰富了律师职业伦理特别是律师职业言论研究的学术成果，也为社会公众如何看待、评价律师庭外言论和刑辩律师是否以及如何发表庭外言论提供了难得的参考和借鉴。

坦白地讲，我本人对律师职业伦理特别是律师职业言论问题缺乏研究，但通过阅读本书稿充分感受到，我国律师的庭外言论问题是一个需要长期、深入研究的重要课题，同时我也对研究的对象和维度提出以下几点思考：

一是什么是“律师的庭外言论”？“律师的庭外言论”这个命题是否与“律师的庭内言论”有关？两者的关系又如何？在我看来，既然讲的是律师的“庭外言论”势必与“庭内言论”相关。甚至可以讲“庭外言论”是一个相对于“庭内言论”的派生概念。为此，需要从“庭外言论”与“庭内言论”的相互关系上界定、解读“庭外言论”的内涵。

二是“律师的庭外言论”在外延上有无边界或范围？是否可以把律师在庭外的任何言论都归类为“律师的庭外言论”？在我看来，显然不能把律师在庭外的任何言论都归类为“律师的庭外言论”，为此需要明确提出律师在庭外的哪些言论属于“律师的庭外言论”、哪些言论不属于“律师的庭外言论”的划分标准。

三是不论律师的“庭外言论”还是“庭内言论”，是否与律师的执业活动有关？与此相关，律师对自己办理的案件发表言论与对别人办理的案件发表言论是否应当加以区分？即使是律师对于自己办理的案件发表言论，也有在办理案件期间发表的言论和在所办案件已经结案后发表的言论之别。在我看来，我们所要研究并需要解决的律师的言论问题，应当是与律师的执业活动相关联的言论。如果律师发表的言论与其所办案件的执业活动无关，无异于任何人对一个案件发表言论的行为，是不能用律师的职业伦理加以规范、要求甚至处罚的。因此，对律师言论的规制应当与律师的执业活动相关。律师在其执业活动以外发表的言论，如果不当甚至违法，应当用社会道德以及相关法律法规加以规制。

当然，还有许多问题有待于对此课题有兴趣的学者、律师进行开拓性的研究，在此不再一一列举。

最后，我由衷祝贺张培博士《律师庭外言论规则研究——以辩护律师为考察对象》一书的出版，并由衷地希望这本专著能够得到广泛的关注和阅读。更期待这一研究成果能够对本课题激发出更多的学术讨论和深入探索，推进我国律师职业伦理包括律师职业言论朝着有利于促进司法公正和社会公平正义的方向不断发展和完善。

顾永忠

2024年5月10日于北京

卓泽渊序

就社会层面来说，我国宪法明确保障公民享有言论自由。言论对于任何人都是极为重要的，言为心声。人的心灵与思想是自由的。但是如果没有言论自由，也不会有心灵自由和思想自由。且看古人的体会，“百啭千声随意移，山花红紫树高低。始知锁向金笼听，不及林间自在啼。”所谓言论自由也即是“自在啼”之意。作为学者的我自己的感受则是，“言自口出皆本能，论从心起赖天成。若逢人世多禁锢，甘作猿猴山谷鸣。”当然，任何公民在社会生活中的言论自由，都是有边界的，这个边界是，也只能是由法律来确定。任何对于言论空间的限制都必须具有法律的根据，而这些法律规定又应是具有法学理据、符合法治理性的。

就律师执业来说，其言论的范围，必然是有边界的。在法庭上会有，在法庭外也会有。至于律师在法庭上言论的边界，应该是早有定论，但是对于其庭外的言论则少见规范乃至论述。我们可以肯定的是，无论是在何种案件的办理中，律师在庭外都不应泄露国家机密、当事人的商业秘密、个人隐私等，总之必须也只能依法维护当事人的合法权益。若有违背，有关机关当遵循法律程序，应权利人的请求而依法论处。律师庭外言论成为争议的问题，在历史上早已出现，在当下的互联网、大众传媒、公共言论平台上，问题更加突出，以至成为我们必须深入研究、科学解决的难题。

张培这部融合理论与实践的著作，体现了他从学术殿堂到实践领域的探索，也见证了张培作为法律人的成长。他对辩护律师庭外言论规则的细致探索和理性解析，对现代律师执业的学理研究，完善我国律师制度，提升律师服务水平，推进法治文明发展，是非常有益的。这一著作的出版必将有助于推进法治建设，尤其是推动司法制度和律师制度在实践层面的创新发展。期待张培博士在法学理论和法律实践中续写更多华章，为法治社会贡献更多的智慧和力量。

2024 年 4 月 15 日于北京海淀大有庄

目 录

导　论

在当今时代，随着科学技术的发展，互联网经济兴起，新媒体与自媒体平台逐渐涌现，人们发表言论更便捷，言论传播影响的范围也更广泛，因此，律师庭外言论进入公众视野的次数越来越多。言论自由是一项被国际规则与各国立法普遍确立的权利。律师也是公民，依法享有宪法规定的公民权利，自然也享有言论自由。同时，律师庭外言论是一把“双刃剑”：一方面，律师庭外言论有利于传递当事人合法诉求；有利于保障司法知情权。另一方面，律师庭外的不当言论也存在消极影响，律师在自媒体上发表的言论往往站在当事人的角度，这种特殊视角导致其言论往往具有片面性。

律师不当的庭外言论可能导致舆论审判、影响司法权威。习近平总书记指出：“对司法机关尚未或正在办理的案件，媒体可以报道，但不要连篇累牍发表应该怎么判，判多少年等评论，防止形成‘舆论审判’，以便为执法司法机关行使职权营造良好舆论环境。”[1] 律师发表不当庭外言论，通过媒体炒作性报道，不仅不能帮助公众监督司法系统，反而加大了公众的情绪化，导致其对司法正义的误解[2]，对司法权威是一种严重的冲击。另外，律师不当言论还可能存在泄露国家秘密和个人隐私、损害未成年人利益等负面影响。

目前，我国法律对律师庭外言论尚无完善具体的规则。随着时代的发展和法律实务的开展，旧的难题亟待解决，新的问题不断涌现。

---

1 习近平：《在中央政法工作会议上的讲话》，载中共中央文献研究室编：《十八大以来重要文献选编》（上），中央文献出版社 2014 年版，第 723—724 页。

2 刘武俊：《构建司法与媒体的良性互动关系》，《人民法院报》2016 年 10 月 30 日，第 2 版。

学者对于律师庭外言论规则的研究已有一定的成果，但仍然有必要站在前人的肩膀上持续推进和深化对这一问题的研究。

一、国内外研究现状

目前国内外学者对律师庭外言论规则的相关性研究和专门性研究均取得了一定成果。本书对研究现状的梳理与述评，尽可能囊括具有代表性和建设性的著作。

（一）国外研究现状

目前对律师庭外言论规则有一定研究的国外学者，主要集中在英美国家。英美法系采取陪审制的国家十分注重新闻自由与言论自由，因为陪审员具备种族、性别、学历、职业等方面的差异，有着不同的文化背景，来自不同的社会阶层，因此采用陪审团审判的国家，尤其需要防止不具备专业法律知识的陪审员在案件审理过程中受到新闻与舆论的干扰。在这些国家，为了处理好舆论影响与司法公正的关系，学者对于庭外言论规制的研究很早便开始了。

国外研究主题主要表现为以下几个方面：

1. 对律师言论自由相关案例的研究

判例在英美法系国家中具有重要作用，因此，在涉及律师庭外言论的研究中，侧重案例分析的研究占据了一定的比重。国外学者的书籍中较有代表性的是《美国大众传播法：判例评析》[1]《大众传播法概要》[2]《媒体与权力》[3]等，引用率较高的论文有《有偿新闻、言论自由和

---

[1] ［美］唐纳德·M. 吉尔摩、杰罗姆·A. 巴龙、托德·F. 西蒙：《美国大众传播法：判例评析》，梁宁等译，清华大学出版社 2002 年版，第 21 页。

[2] ［美］T. 巴顿·卡特：《大众传播法概要》，黄列译，中国社会科学出版社 1997 年版，第 38 页。

[3] ［美］詹姆斯·卡伦：《媒体与权力》，史安斌、董关鹏译，清华大学出版社 2006 年版，第 56—77 页。

公正审判》《新闻自由和公正审判：以辛普森案为例》等。其中，斯科特·C. 普格（Scott C. Pugh）的《有偿新闻、言论自由和公正审判》[1] 分析了新闻媒体对辛普森案和威廉·肯尼迪·史密斯案的影响，总结了美国宪法第一修正案和第六修正案的法律学说和政策理论。因为这两个修正案都体现了基本的宪法保障，一般情况下，它们是互相协调的，但当刑事审判受到耸人听闻和带有偏见的宣传的影响时，两者可能直接发生冲突。由于宪法没有明确规定这些权利中的任何一项高于另一项，所以最高法院长期以来一直在寻求这些权利的平衡。纳丁·斯特罗森（Nadine Strossen）的《新闻自由和公正审判：以辛普森案为例》[2] 通过媒体报道辛普森谋杀案的例子，说明了被告的公正审判权可能与美国宪法第一修正案所规定的新闻自由和司法信息知情权产生冲突，作者的调查显示：大多数律师认为媒体对刑事案件的广泛报道可能损害被告获得公正审判的权利。接着，作者介绍了美国法庭电视转播的历史沿革，提出媒体介入司法程序不仅有利于实现公众自由表达的权利，而且有利于诉讼参与者获得公平审判的权利，他认为，从长远来看，审判中的新闻自由将促进所有人的权利。以上著作通过分析媒体传播与司法关系的典型案例，解释言论自由与司法独立之间的冲突与协调机制。

2. 对分析新闻传媒、司法与民主关系的研究

理查德·戴维斯（Richard Davis）在《最高法院与媒体》里商讨了法官与记者应当如何互动，也给出了媒体的报道对于法院的影响应当如何解决的措施。[3] 约翰·泽莱兹尼（John Zelezny）在《传播法：

---

[1] Scott C. Pugh,"Checkbook Journalism, Free Speech，and Fair Trials" , *University of Pennsylvania Law Review*, 1995，pp. 1739-1785.

[2] Nadine Strossen,"Free Press and Fair Trial: Implications of the O. J. Simpson Case Transcript" , *University of Toledo Law Review*, 1995, pp. 647-654.

[3] ［美］理查德·戴维斯：《最高法院与媒体》，于霄译，上海三联书店 2014 年版，第 102 页。

案排除了可能对检察官施加的制裁或限制。文章还提出了如何在现行的纪律处分制度、法院规则、缄口令中构建对检察官的监管方式和监管范围的方案。类似观点的文章还包括马乔里·P. 斯劳特（Marjorie P. Slaughter）的《律师和媒体：律师发表言论的权利及保持沉默的义务》[1]，特丽·A. 贝朗格（Terri A. Belange）的《法庭内的"艺术行为"：公正审判权和言论自由》[2]等。

5. 对限制言论自由的具体规则的研究

例如，谢丽尔·A. 比约克（Sheryl A. Bjork）在《间接缄口令和预先限制原则》[3]一文中认为，当审理受到公众高度关注的案件时，法官可以通过发布对审判参与者的缄口令来有效地约束媒体，而无须使用直接针对媒体的缄口令。法院应当使用与直接缄口令相同的标准来评估间接缄口令：首先，法院必须审查新闻活动的性质和范围；其次，法院必须严格探索其他可替代性方案，如变更审判地点、继续审判、深入调查和隔离陪审员等；最后，法院必须在每个案件的具体情形中审查缄口令的效力。在缄口令的实施程序上，只有符合美国联邦最高法院明确宣布的情形时，下级法院才能发布完整的间接缄口令。这篇文章详细介绍了间接缄口令和预先限制原则的理论基础与适用条件。

总体来说，国外学者对于媒体与司法之间平衡共存的关系都进行了深入的研究和探索，也取得了良好的进展。这些研究不论是从法学角度还是传媒学的角度切入，都能够从理论和实践上提出建设性的意见，都对完善媒体与司法关系规则有着重要推动作用。上述国外研究

---

[1] Marjorie P. Slaughter, "Lawyers and the Media: The Right to Speak versus the Duty to Remain Silent", *Georgetown Journal of Legal Ethics*, 1997, pp. 89-100.

[2] Terri A. Belange, "Symbolic Expression in the Courtroom: The Right to a Fair Trial Versus Freedom of Speech", *George Washington University Law Review*, 1994, p. 318.

[3] Sheryl A. Bjork, "Indirect Gag Orders and the Doctrine of Prior Restraint", *University of Miami Law Review*, 1989, pp. 165-195.

的焦点在于：在对检察官、警察、调查人员和公关人员并无约束的情况下，限制律师庭外言论的规定是否损害了被告的公平审判权；辩护律师是否需要发表庭外言论，以抵消政府工作人员公开陈述的不利影响；辩护律师在不发表此类言论的情况下是否还能忠实地履行其专业职责；等等。

（二）国内研究现状

截至2022年，在“中国知网”以“律师庭外言论”为主题或者篇名查到的论文共有57篇，其中篇名为“律师庭外言论”的有40篇。从其中引用率较高的论文来看，有20多篇学位论文是以辩护律师庭外言论的规制作为研究对象的，而期刊论文有40多篇。学位论文全部为硕士论文，发表时间集中于2015—2017年；期刊论文的发表时间从1998年跨越到2021年，在2015—2016年发表的有关该主题的期刊论文较多（见图0-1、图0-2）。

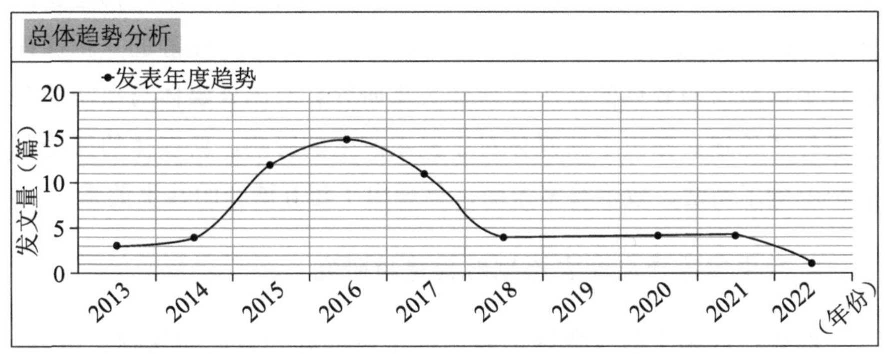

图0-1　2013—2022年涉及“律师庭外言论”内容的论文检索数量变化图

数据来源：中国知网。

在引用率较高的学位论文中，研究主题主要表现为以下几个方面：

1. 对中国与外国律师庭外言论规则进行比较研究

例如，姜鹏的《论我国刑事司法中律师庭外言论权》介绍了律师庭外言论权的内涵、属性、价值、控制机理，从域外经验和我国规则

这些学位论文都从常规的角度说明了律师庭外言论规制的现状和存在的问题，并对未来规则的构建提出了建议。以上学位论文在对待律师庭外言论的态度上，大体可以分为几种：（1）主张利用规则限制律师庭外言论以维护司法公正；（2）主张加大力度保护律师的言论自由以促进司法公正；（3）持居中的观点认为言论自由与公正审判之间是相互影响、相互促进的关系，应当限制律师不当的庭外言论，同时也要加强对律师和当事人诉讼权利的保护。这些学位论文主要偏重于对律师庭外言论和司法公正之间关系的分析，对于如何通过具体措施和制度实现两者的平衡尚不明确，大多止于倡议和主张，比较抽象和笼统，缺乏可操作性。

在引用率较高的期刊论文中，研究主题表现为以下几个方面：

1. 对域外律师庭外言论规则历史的研究

对域外律师庭外言论规则的历史进行研究的主要论文有：张吉喜的《论美国刑事诉讼中表达自由权与公正审判权的平衡》对美国限制律师表达自由的标准进行了介绍。[1] 高一飞的《美国的司法缄口令》[2]《美国司法对媒体的预先限制》[3] 则主要介绍了美国司法缄口令的历史沿革与未来发展趋势。陈建云的《兼顾新闻自由与审判公正——美国法律处理传媒与司法关系的理念与规则》介绍了美国“藐视法庭罪”的渊源及其流变，司法“缄口令”与封闭法庭，对被告获得公正审判权利的司法救济，如预先甄选陪审员、隔离陪审团、变更审判地点、延期审理等。该文作者最后提出法官、律师和新闻界终将走向合作。[4]

---

[1] 张吉喜：《论美国刑事诉讼中表达自由权与公正审判权的平衡》，《中国刑事法杂志》2009 年第 1 期，第 118—120 页。

[2] 高一飞：《美国的司法缄口令》，《福建论坛（人文社会科学版）》2010 年第 8 期，第 151—156 页。

[3] 高一飞：《美国司法对媒体的预先限制》，《新闻记者》2013 年第 7 期，第 76—81 页。

[4] 陈建云：《兼顾新闻自由与审判公正——美国法律处理传媒与司法关系的理念与规则》，《新闻理论》2016 年第 6 期，第 38—46 页。

马勤的《在言论自由与审判公正之间——规制律师庭外言论的美国经验与启示》一文认为美国律师《职业行为示范规则》（MRPC）第3.6条发展成为主导规则的历程，体现了言论自由与审判公正之间价值冲突趋近平衡的过程，而詹泰尔案的判决意见起到了至关重要的作用。[1]吴晨的《规制庭外言论和司法评论的域外范例》一文介绍了域外对律师公开言论进行规制的理由、律师公开言论的三种类型，以及世界各国对律师庭外言论规制的情况。[2]

2. 对中国与外国律师庭外言论规则模式的比较研究

一部分期刊论文主要采取比较研究的方法，从国际准则和域外经验的角度切入，为中国的律师庭外言论规制提供借鉴方案。例如，高一飞的《论律师媒体宣传的规则》[3]《媒体与司法关系规则的三种模式》[4]这两篇文章将律师的审判宣传称为“律师媒体宣传”，介绍国外处理律师与媒体关系的三种不同模式，并提出对我国的律师媒体宣传规则进行完善的方案。陈实的《论刑事司法中律师庭外言论的规制》认为，可以借鉴美国的“双阶理论”区分高价值的庭外言论与低价值的庭外言论，应当准许前者，对后者进行限制与禁止。[5]杨天红的《律师庭外言论的规制——比较法的考察与借鉴》比较分析了美国、英国和德国对律师庭外言论的规制，提出了我国限制与保护律师庭外言论的

1 马勤：《在言论自由与审判公正之间——规制律师庭外言论的美国经验与启示》，《中国刑警学院学报》2021年第1期，第62—74页。

2 吴晨：《规制庭外言论和司法评论的域外范例》，《中国律师》2017年第9期，第54—57页。

3 高一飞、潘基俊：《论律师媒体宣传的规则》，《政法学刊》2010年第2期，第5—13页。

4 高一飞：《媒体与司法关系规则的三种模式》，《时代法学》2010年第1期，第9—17页。

5 陈实：《论刑事司法中律师庭外言论的规制》，《中国法学》2014年第1期，第48—62页。

具体路径。[1]张丝雨的《中美律师庭外言论规制比较研究》认为，我国对律师庭外言论的规制可以借鉴底线标准模式，明确规定适用的人员范围、言论范围和处罚程序。[2]易延友和马勤的《律师庭外辩护言论的自由与边界》认为，律师庭外辩护言论既是宪法辩护权的内在组成部分，也是促进司法公正的关键力量，以西方有关规则主张限制庭外辩护言论是对西方规则的误解。最后，作者提出了律师庭外辩护言论自由的边界、越界标准、划界规则。[3]该文介绍了各国针对律师庭外言论进行限制的最新规则，对于限制律师庭外言论的各种模式进行了评析和驳斥，补充了现有研究的不足。以上论文虽从不同的角度出发对律师庭外言论相关的问题进行了研究，但基本上持有一个相同的观点——我国规制律师庭外言论以及构建相关规则时有必要借鉴世界各国的经验。

3. 对中国律师庭外言论规则构建的研究

如何构建律师庭外言论规则，学者的观点主要有以下几种。例如，朱兵强的《网络时代律师庭外言论的规制》认为，当前我国对律师庭外言论的规制存在规范粗疏、合法性不足以及过度规制等问题。对律师庭外言论的规制需要把握明确规制对象和全面衡量律师庭外言论价值这两个前提，同时贯彻平衡性、合理性与合法性的原则。[4]谷佳慧的《律师庭外言论的界限及其规制》赞同王进喜在《律师言论的界限》中的观点，认为原则上应当禁止庭外言论，在一定程度上允许律

---

[1] 杨天红：《律师庭外言论的规制——比较法的考察与借鉴》，《大连理工大学学报（社会科学版）》2016 年第 1 期，第 117—121 页。

[2] 张丝雨：《中美律师庭外言论规制比较研究》，《镇江高专学报》2018 年第 4 期，第 57—61 页。

[3] 易延友、马勤：《律师庭外辩护言论的自由与边界》，《苏州大学学报（法学版）》2021 年第 2 期，第 22—36 页。

[4] 朱兵强：《网络时代律师庭外言论的规制》，《北京邮电大学学报（社会科学版）》2016 年第 4 期，第 63—69 页。

师发表庭外言论寻求救济。[1] 杨先德的《刑事司法中律师庭外言论法律问题探讨》一文研究了律师庭外言论可能引起的问题，认为律师发表庭外言论可能构成对律师“保密义务”的违反。[2] 马晶和杨天红的《律师庭外言论的规制——兼论〈刑法修正案（九）〉泄露案件信息罪》认为，将律师庭外不当言论入刑，不仅有违刑法谦抑性要求，也不符合罪刑法定原则。中国应当通过法律解释、“但书条款”和管辖回避防止泄露案件信息罪的滥用，同时借鉴美国经验对律师庭外言论进行限制和保护。[3]

4. 对新媒体时代律师庭外言论特殊规则的研究

笔者检索发现，很大一部分论文涉及新媒体或自媒体时代律师庭外言论规制的问题。例如，王进喜的《律师言论的界限》中提出律师执业行为法的主要功能是处理律师的言论自由权、群众的知情权与公正审判三者之间的均衡问题。[4] 封安波的《论转型社会的媒体与刑事审判》分析了“媒体公诉”和“自媒体辩护”这两种现象的成因、利弊和对策。[5] 高一飞的《互联网时代的媒体与司法关系》介绍了媒体与司法关系的传统规则模式和互联网时代媒体影响司法的新特征，最后提出对媒体与司法关系综合治理的建议。[6] 廖国靖、乃露莹的《自媒体时代下律师推广业务的行为边界》揭示了律师利用自媒体推广业务的现

---

1 谷佳慧：《律师庭外言论的界限及其规制》，《成都理工大学学报》2015 年第 6 期，第 8—13 页。

2 杨先德：《刑事司法中律师庭外言论法律问题探讨》，《政法论坛》2015 年第 3 期，第 66 页。

3 马晶、杨天红：《律师庭外言论的规制——兼论〈刑法修正案（九）〉泄露案件信息罪》，《重庆大学学报（社会科学版）》2016 年第 4 期，第 165—171 页。

4 王进喜：《律师言论的界限》，《中国律师》2013 年第 11 期，第 53—54 页。

5 封安波：《论转型社会的媒体与刑事审判》，《中国法学》2014 年第 1 期，第 63—78 页。

6 高一飞：《互联网时代的媒体与司法关系》，《中外法学》2016 年第 2 期，第 486—517 页。

状及可能引发的法律问题，并为律师在自媒体时代下如何掌握业务推广的行为界限提出解决方案。[1] 胡田野的《新媒体时代律师庭外言论的规制》认为，谨慎发表庭外言论是律师的义务，应对媒体和律师进行规制。[2] 夏燕的《自媒体时代律师网络言论规制研究》提出了未来的律师网络言论规制，应借鉴互联网的宽容精神，从"规制"走向"治理"。[3] 孟思瑞等的《关于互联网时代律师庭外言论的思考》简单介绍了互联网时代律师庭外言论的界定，律师运用自媒体发表庭外言论产生的积极影响和消极影响，以及与之相关的应对策略。[4] 这些论文关注了新媒体或自媒体技术影响下的律师庭外言论问题，并把律师庭外言论和新媒体或自媒体的发展趋势结合起来进行研究，体现了互联网时代律师庭外言论的特殊规则。

5. 对中国特殊司法环境下律师庭外言论规则影响的研究

朱兵强和丰楠的《维稳与网络时代律师庭外言论的治理》认为，我国对于律师庭外言论的规制尽管使用了立法、司法与行政等多种措施，但一直贯彻着一种"维稳"的思维，因此出现了治理刑法化、行政化以及过度限制和侵权的错误。为了矫正这些错误，需要实现从维稳思维到法治思维的转变。[5] 张国全的《律师慎言义务研究》[6] 认为，律师是公正司法信息传递中的关键环节，庭外慎言是基本义务，对于律

---

[1] 廖国靖、乃露莹：《自媒体时代下律师推广业务的行为边界》，《广西政法管理干部学院学报》2018 年第 6 期，第 82—85 页。

[2] 胡田野：《新媒体时代律师庭外言论的规制》，《法学》2014 年第 1 期，第 3—9 页。

[3] 夏燕：《自媒体时代律师网络言论规制研究》，《四川理工学院学报》2017 年第 3 期，第 37—52 页。

[4] 孟思瑞等：《关于互联网时代律师庭外言论的思考》，《电子商务》2018 年第 5 期，第 48—49 页。

[5] 朱兵强、丰楠：《维稳与网络时代律师庭外言论的治理》，《电子政务》2017 年第 8 期，第 41—49 页。

[6] 张国全：《律师慎言义务研究》，《法律适用》2020 年第 17 期，第 136—145 页。

师发表不当庭外言论影响司法公信力的问题，可以从“加强律协‘管理’职能、完善律师职业伦理规制、完善律师惩戒机制”入手。[1]张薇的《律师庭外言论规制的探讨》通过探究律师庭外言论规制的现实和理论分析，分析了规制律师庭外言论的价值和意义。[2]

6. 对律师庭外言论相关案例分析的研究

魏永征的《“李案”余波和律师自媒体涉案言论的边界》通过对“李某某案”进行分析，探讨了不公开审理案件的判决书是否可以上网，律师是否可以利用自媒体介入诉讼的问题，认为律师庭外涉案言论有待规范。[3]吴晨的《从法官判词看对律师言论的规制》主要介绍了美国在卡特勒案和史迈克惩戒案中律师发表庭外言论的情况和后果。[4]马勤的《舆论是否毒害了一个公正的陪审团——斯基林诉美国案评析》通过对斯基林诉美国案进行分析，认为美国在舆论自由与审判公正关系中面临的主要任务是怎样防止舆论干扰陪审团。而在中国，处理舆论与审判的关系时，主要任务有两个：一是强化舆论自由，推动审判公开；二是落实回避制度，保障审判中立。[5]王坤的《“自由”如何表达：刑事律师庭外言论规范探究》首先对言论自由失范的几个典型案例进行了分析，提出对于律师庭外言论规范和司法应对的检视，对规范律师庭外言论的可行性与正当性进行了阐释，并提出了律

1 张国全：《律师慎言义务研究》，《法律适用》2020 年第 17 期，第 136 页。

2 张薇：《律师庭外言论规制的探讨》，《浙江万里学院学报》2016 年第 6 期，第 31—37 页。

3 魏永征：《“李案”余波和律师自媒体涉案言论的边界》，《新闻记者》2014 年第 3 期，第 60—63 页。

4 吴晨：《从法官判词看对律师言论的规制》，《中国律师》2017 年第 10 期，第 51—52 页。

5 马勤：《舆论是否毒害了一个公正的陪审团——斯基林诉美国案评析》，《中国案例法评论》2017 年第 2 期，第 35—57 页。

师庭外言论的规范进路。[1] 田雨在《论规制刑事案件中律师庭外言论的依据——于司法实践和法益冲突理论的双重考量》一文中提出律师庭外言论规制的逻辑前提是这些言论需要被规制，并从司法实践典型案例中出现法益冲突的视角对律师庭外言论规制的依据进行了探究。[2] 薛永毅的《中立而不孤立：网络民意刑事司法应对策略之研究——以 10 年来 10 起影响性诉讼及 108 份调查问卷为分析样本》研究和分析了 10 年来 10 起影响性诉讼及 108 份调查问卷，认为民意表达应当走向法治化，在遵循司法活动规律、坚持审判独立的前提下，对网络民意进行科学过滤和筛选，引导民意走向法治化。[3] 赵恒喆等的《律师庭外自媒体言论的规制——从 44 个影响性诉讼切入》分析了 44 个具有影响性的典型诉讼，认为我国虽然已经形成了初步的规制体系，但还存在各地法律规范不尽统一、规制对象过于宽泛、立法对律师言论限制过于严苛的问题。[4]

7. 对媒体与司法整体关系的研究

对媒体与司法整体关系进行研究的一部分论文采取了宏观视角，探讨媒体、律师与司法三者之间的关系。例如，贺卫方的《传媒与司法三题》对传媒与司法制度之间关系的三个方面作了简明扼要的探讨，具体包括新闻自由对维护司法公正的价值，传媒监督司法的限制和司法如何

---

[1] 王坤：《“自由”如何表达：刑事律师庭外言论规范探究》，载贺荣主编：《尊重司法规律与刑事法律适用研究》（下），人民法院出版社 2016 年版，第 1389—1401 页。

[2] 田雨：《论规制刑事案件中律师庭外言论的依据——于司法实践和法益冲突理论的双重考量》，《黑龙江省政法管理干部学院学报》2016 年第 4 期，第 1—4 页。

[3] 薛永毅：《中立而不孤立：网络民意刑事司法应对策略之研究——以 10 年来 10 起影响性诉讼及 108 份调查问卷为分析样本》，载孙江、罗朋、王俊荣编：《传媒法与法治新闻研究（2016 年卷）》，中国政法大学出版社 2017 年版，第 126 页。

[4] 赵恒喆等：《律师庭外自媒体言论的规制——从 44 个影响性诉讼切入》，《克拉玛依学刊》2018 年第 3 期，第 72—79 页。

保护新闻自由的问题。[1] 顾培东的《论对司法的传媒监督》论述了传媒监督与司法体制改革这一目标及取向的契合点，对传媒监督的前提、运作特征、效能评价、现实制约等问题作了较为全面的描绘。[2] 谭世贵的《论司法独立与媒体监督》介绍了司法的特点、新闻媒体的功能与媒体监督的原则、司法独立与媒体监督的相互影响及其解决办法。[3] 杨浙京、程新生的《新闻自由与司法公正三题》介绍了新闻舆论对司法公正的利弊和两者之间冲突的问题。[4] 上述文章以媒体和司法之间的关系为切入点，认为庭外言论应当以不对司法公正造成损害为限度。

与律师庭外言论规则相关的论文，无论以何种新颖的视角进行研究，始终离不开媒体、律师与司法三者之间的关系这一本质、核心的问题。从具体角度而言，律师庭外言论规则的核心内容是律师的辩护权和公众的知情权。一些涉及“律师庭外言论”的论文内容大多包括律师庭外言论的分类与界定、言论自由与司法公正的关系、律师庭外言论对司法的影响、律师庭外言论规制的域外经验、如何构建我国律师庭外言论规则等问题。当然，不同学者的研究各有侧重。

（三）研究动态分析

从学科定位来看，目前对律师庭外言论规则进行过研究的学者来自不同的学科领域或学科方向，具体包括刑事诉讼法、法制史、法理学、新闻法、传媒法、媒体与司法关系、宪法与行政法、民商法、网络空间安全与信息法等，体现了多种学术背景的学者聚焦于同一问题的特征。

从学者群体来看，尽管学科背景多样化，但目前专门研究律师庭外言论规则的学者很少。纵观国内外学者对律师庭外言论规则的研

[1] 贺卫方：《传媒与司法三题》，《法学研究》1998 年第 6 期，第 21 页。

[2] 顾培东：《论对司法的传媒监督》，《法学研究》1999 年第 6 期，第 17—29 页。

[3] 谭世贵：《论司法独立与媒体监督》，《中国法学》1999 年第 4 期，第 12—19 页。

[4] 杨浙京、程新生：《新闻自由与司法公正三题》，《人民司法》1998 年第 8 期，第 29—31 页。

究，目前仍存在不少亟待解决的问题。

从研究的领域来看，目前的研究对象主要集中在律师庭外言论的分类与界定，司法、媒体与律师三者之间的关系及其相互影响，关于律师庭外言论的国际准则和域外经验等领域。这些研究基本上能反映律师庭外言论的概念和特征，为读者展现了一个较为清晰的全貌。但对于该论题的研究内容多停留在知识介绍层面，而更深层次的探讨有所不足，即研究的深度和广度还不够，这给后来的学者留下了进一步研究的空间。

从研究的内容来看，研究律师庭外言论规则的成果对实践的指导意义，特别是对规范的制订指导意义不大。由于缺乏中西方理论的凝聚共识，这也是这一问题在理论方面存在很大学术争议的原因之一。学术争议主要集中于以下几个方面：（1）我国对于律师庭外言论应当采取严格还是宽松的限制标准；（2）律师庭外言论给司法公正带来的影响更多的是正面的抑或是负面的；（3）中国应当在多大程度上借鉴其他国家在该问题上的做法，从而建立起自己的律师庭外言论规制体系。但以上研究始终没有集中给出律师庭外言论的具体的、系统化的规则；对律师庭外言论的监管模式基本没有研究。

二、研究背景和意义

律师庭外言论规则是一个已有数十年研究历史的选题，应该说，随着研究年限的增长和研究人数的增加，对这一论题研究的理论深度和广度都已经达到相当的程度，并有学者对其进行持续的关注和研究，笔者选择以辩护律师庭外言论作为研究主题仍然具有重大理论价值和实践意义。

（一）研究背景

截至 2022 年 6 月，我国律师队伍已经发展到 60.5 万人，律师事务所 3.7 万家，已经成为全面依法治国一支不可或缺的重要力量。2021 年，司法部副部长熊选国称，全国律师每年办理的诉讼案件，包括刑事、民事、行政诉讼案件约600万件，办理法律援助案件约100万件。律师在各种诉讼案件中履行辩护代理职责，对维护当事人合法权益、保障法律准确实施、维护社会公平正义都具有重要的促进作用。[1]律师队伍的逐渐壮大，要求国家通过制度化、程序化的措施管理好、引导好这一群体。

律师庭外言论是一个长期以来存在的问题，律师在庭外通过媒体发表的言论具有特殊性，这些言论可能影响辩护效果、司法公正、社会稳定等。网络新媒体的兴起也对律师庭外言论规则提出了挑战。传统媒体通常是指专业的新闻机构，主要是广播、电视、报纸、杂志等，其言论由专业记者撰写、专业编辑审查后发表。但信息时代媒体的概念更加宽泛了，新媒体和自媒体取得了迅猛发展，其影响力远超传统媒体。[2]自媒体时代，网络方便快捷、传播迅速、影响力大，给予了律师群体更宽广的言论自由空间，其不当言论可能产生更大的负面效果。

笔者将以律师庭外言论作为研究对象，分析律师庭外言论的国际准则和域外规则，探究自媒体时代平衡律师言论自由、公众知情权与被告人获得公正审判权的具体规则和机制。

（二）研究意义

研究律师庭外言论，把握互联网时代的法律前沿问题，既有理论意义又有实践意义。

1. 有助于构建中国特色社科法学学术体系

中共十八届四中全会通过的《中共中央关于全面推进依法治国若干重大问题的决定》指出，“创新法治人才培养机制，形成完善的中国特色社会主义法学理论体系、学科体系、课程体系。”加快构建中

1 姜雪颖：《我国律师队伍达52万多人，每年办理法律援助案件约100万件》，https://baijiahao.baidu.com/s?id=1695207678981170904&wfr=spider&for=pc，最后访问日期：2021年7月25日。

2 胡田野：《新媒体时代律师庭外言论的规制》，《法学》2014年第1期，第4页。

面依法治国的重要举措。”[1] 2020 年 11 月 16 日，习近平总书记又进一步表示：“法律服务队伍是全面依法治国的重要力量。”[2] 进一步明确了律师队伍的地位和作用，明确了建设高素质律师队伍的必要性与紧迫性。

全面依法治国必须锻造一支政治硬、业务强、德行高、责任重、纪律严、作风正，对党和国家、对人民和法律绝对忠诚的新时代中国法治铁军，“为加快建设社会主义法治国家提供强有力的组织和人才保障。”[3] 而律师队伍作为法治队伍的一部分，应当为建设社会主义法治国家作出努力和贡献。不当的律师庭外言论会对司法和社会产生消极影响，需要制定和修改相关法律规定，规制律师庭外言论。目前，我国关于律师庭外言论的法律法规和世界上对该问题研究较早和较为深入的国家相比，还存在一定差距，无法满足在日新月异的司法环境中应对不断增加的新型问题的需要。本书对律师庭外言论规则全面、系统的研究，不仅有利于规范律师在法庭内外的行为，也有利于为律师履行辩护职责提供保障。

三、研究方法与创新

研究方法是一个哲学术语，是运用智力进行科学思考的方法。法学领域常用的研究方法包括历史研究法、规范分析法、比较研究法、逻辑分析法和语义分析法等。

（一）研究方法

本书在研究律师庭外言论规则及相关问题时，采取了规范分析方

---

1 新华社：《习近平：推动改革举措精准对焦协同发力 形成落实新发展理念的体制机制》，《人民日报》2016 年 3 月 23 日，第 1 版。

2 习近平：《坚定不移走中国特色社会主义法治道路 为全面建设社会主义现代化国家提供有力法治保障》，《求是》2021 年第 5 期，第 14 页。

3 中共中央文献研究室编：《十八大以来重要文献选编》（中），中央文献出版社 2016 年版，第 174 页。

法、比较研究方法、实证研究方法。

1. 规范分析方法

本书在对律师庭外言论规则的规范研究中，涉及了国际规则、域外规则和我国律师制度的相关法律、职业规范等，从文本规范的角度对律师庭外言论规则进行详尽的分析与研究。

2. 比较研究方法

比较研究法是以一定的标准为根据，考察两个或两个以上有联系的事物之间的异同，探求其普遍规律与特殊规律的研究方法。法学领域比较研究的典型是国别研究，通常的做法是研究各个国家的法律制度、文件与实践中的做法，与本国相比较，从而提出借鉴建议。本书研究了英美法系国家和大陆法系国家对于律师庭外言论的规制，通过比较法研究，分析各国在这一问题上做法的优劣，对我国制定相关法律提供参考和借鉴。

3. 实证研究方法

本书对律师庭外言论的经典案例进行了挖掘，结合具体案例对律师庭外不当言论的具体情况、产生原因、产生的危害进行了分析。

（二）创新之处

习近平总书记在党的十九大报告中指出："我们必须在理论上跟上时代，不断认识规律，不断推进理论创新、实践创新、制度创新、文化创新以及其他各方面创新。"[1] 学术论文的创新之处，一般包括资料上的创新、方法上的创新和观点上的创新。

资料创新是指研究者用于论证的资料是最新的科研成果或前沿数

[1] 习近平：《决胜全面建成小康社会 夺取新时代中国特色社会主义伟大胜利——在中国共产党第十九次全国代表大会上的报告》，《人民日报》2017 年 10 月 28 日，第 1 版。

言论还可能存在泄露国家秘密和个人隐私、损害未成年人利益等负面影响。

不当的庭外言论可能损害司法公正、影响司法权威，还有可能损害其他国家利益、社会利益、个人利益。

正因为律师言论利弊共存，国际规则、域外规则和中国法律都对律师的言论规则有较多的规定，要求律师庭外言论要遵守一定的规矩。本章将以国际准则和国内外的现有规则为基础，通过比较研究和理论分析，提出自己关于律师庭外言论规则体系的构想。

一、律师庭外言论的范围和形式

狭义的律师庭外言论是指诉讼案件的辩护人或者代理人向不特定的社会公众发表与案件或者诉讼业务有关的言论。[1] 广义的律师庭外言论既可以与代理的具体案件相关，也可以是与具体案件无关的一般言论、广告言论。特别是 2021 年 10 月 15 日发布的《中华全国律师协会关于禁止违规炒作案件的规则（试行）》（以下简称《关于禁止违规炒作案件的规则（试行）》）将律师的言论分为违规炒作案件、不当披露案情、对公共事务发表不当评论、在公共平台发表影响律师形象的评论四种情形，没有将言论限于对自己代理和辩护的案件的言论。

《关于禁止违规炒作案件的规则（试行）》第 5 条规定："案件承办律师不得通过当事人、他人变相披露上述信息、材料。案件承办律师所在律师事务所以及其他知晓案情的律师参照执行。"所以，笔者所指的"律师庭外言论"既包括案件承办律师，也包括当事人、律师助理等案件承办律师的代言人，还包括案件承办律师所在律师事务所以及其他知晓案情的律师的言论。

律师庭外言论可以表现为丰富多样的形式。根据 2021 年《关于

---

[1] 杨天红：《律师庭外言论的规制——比较法的考察与借鉴》，《大连理工大学学报（社会科学版）》2016 年第 1 期，第 117—121 页。

禁止违规炒作案件的规则（试行）》第 4 条和第 6 条[1]规定，在实践中，律师庭外言论通常可以划分为自媒体言论、接受采访和案例论证与学术研讨会这三种典型形式。

（一）自媒体言论

随着网络信息技术的发展，各个领域都在进行创新发展，以个人视角传递信息的自媒体平台不断涌现，社会逐渐进入自媒体时代。"自媒体"的英文为"We Media"，是指普通大众通过网络等途径向外发布他们了解的事实和新闻的传播方式，具备私人化、平民化、普泛化、自主化的特征，其手段表现为现代化、电子化的方式，使互联网上的社会群体能够制作、分析新闻和信息，并向不受地理限制的公众进行传播。[2]自媒体是新媒体的一种，但两者的概念、运营主体和自主性等均有所不同。有学者认为，自媒体是新媒体发展的最新阶段，具有进入门槛低、自主性强、发展迅速、应用广泛、作用大、管理难的特点。[3]如今，自媒体已成为律师发表庭外言论的有效手段。

自媒体的出现意味着大众传播与人际传播的融合，即媒体组织作为"媒介"的一部分被省略了。从这个意义上说，《公民权利和政治权利国际公约》第 19 条所期望的借助各种媒介的言论自由得到了实

[1]《关于禁止违规炒作案件的规则（试行）》第 4 条规定："律师及其所在律师事务所应当依法依规履行职责，不得以下列方式违规炒作案件：（一）通过联署签名、发表公开信、组织网上聚集、声援等方式或借个案研讨之名，制造舆论压力，影响案件依法办理；（二）通过媒体、自媒体等平台就案件进行歪曲、有误导性的宣传、评论，以转发、评论等方式炒作误导性、虚假性、推测性的信息……"第 6 条规定："未经法庭许可，案件承办律师不得对庭审活动进行录音、录像、摄影，或者对外传（直）播庭审情况；不得通过接受采访、撰写文章、发表评论或者其他方式，对外披露未经公开的庭审细节和情况。"

[2] 高一飞：《媒体与司法关系规则的三种模式》，《时代法学》2010 年第 1 期，第 10 页。

[3] 邓新民：《自媒体：新媒体发展的最新阶段及其特点》，《探索》2006 年第 2 期，第 134 页。

现。在技术发展的时代，人人都可以参与的独立媒体让过去几十年的学者都感到棘手的问题得到了解决。“技术完全可以改变政治，科学可以改变民主。”[1]现在，人们可以通过互联网这种方便快捷的方式，向世界发出属于自己的声音。

在媒体与司法的关系上，只要允许公开审判、允许人们旁听，大众传播与人际传播的融合就会让每一个对案件了解的人都拥有成为记者的可能性，他们可以通过自媒体讨论、关注这些案件，律师亦然。事实上，律师通过自媒体发表的言论已经成为律师庭外言论的重要组成部分。许多著名律师都开设有属于自己的微博账号和微信公众号，进行业务宣传，有的律师在这些自媒体平台的粉丝数量和言论数量都非常庞大，具有非常大的影响力，堪称法律界的“明星”或“网红”。

（二）接受采访

“采访”作为一种新闻界术语，意指采集、寻访，即新闻媒体记者为获得新闻材料而进行的观察、调查、访问、记录、摄影、录音、录像等活动。采访是一种媒体信息的采集和收集活动，这一过程通常通过信息采集者和信息发布者面对面交流来实现。律师接受媒体采访时所发表的言论构成了律师庭外言论的重要组成部分。

在美国诉卡特勒案中，被告人高迪的辩护律师就利用了接受媒体采访发表言论的诉讼策略。高迪曾四次被起诉犯有敲诈勒索罪行，前三次都因证据不足未能定罪，在第四次指控中，检察官马洛尼召开新闻发布会向媒体公布了对高迪的指控。高迪的辩护律师卡特勒马上通过接受纽约媒体采访的方式对检方发起了反击。他在采访中将检察官称为“媒体关注饥饿症患者”，并试图陷害他的当事人，坚称高迪只是个热心社区服务的商人，绝不是什么黑帮头目。[2]控辩双方就此展开论战，虽然法官召开会议严厉告诫双方都要遵守纽约律师执业规范中

[1] 高一飞：《真相无法被封锁》，《中国青年报》2008 年 10 月 9 日，第 7 版。

[2] 吴晨：《从法官判词看对律师言论的规制》，《中国律师》2017 年第 10 期，第 51 页。

不得公布案情的规定，但卡特勒律师依然我行我素，在会议后的媒体采访中透露了监听录音的内容。此后，卡特勒律师一直不听劝阻，不断接受媒体采访，向媒体透露案件信息。最终，法官在检方的压力之下决定解除卡特勒的代理权。从这一案例中我们可以看出，在美国，律师接受媒体采访是一种常见的发表庭外言论的形式。

在我国，接受采访也是很常见的律师发表庭外言论的方式，著名律师或著名案件的律师也常常成为新闻媒体采访的对象。例如，“杭州保姆纵火案”中保姆莫焕晶的律师党琳山就曾接受过《局面》这个节目的专访，讲述了自己退庭背后的原因，此外还表达了自己对案件的看法。[1]《法制晚报》知名视频直播栏目《法律大讲堂》也曾经推出过《名律师访谈》这一栏目，每一期邀请一位资深律师接受采访，为观众介绍自己的办案经历和心得体会。

（三）案例论证与学术研讨会

律师庭外言论的另一表现形式是案例论证和学术研讨会，律师通过参与热点案例的分析论证和相关的学术研讨会，不仅具有很好的向公众普及法律知识的作用，还能有效地宣传自己的观点。律师这一发表庭外言论的方式与其他方式的不同之处在于，律师在案例分析论证和学术研讨会上的发言和在新闻发布会上的发言类似，比起在自媒体上和接受采访时的发言，要求更加谨慎、准确、可靠。

许霆案是律师通过案例论证和参加学术研讨会发表言论的一个典型例子。2006 年 4 月 21 日，广州保安许霆利用 ATM 机故障提取 17.5 万元后潜逃，一年后被捕。2007 年 12 月 20 日，广州市中级人民法院判处其“盗窃金融机构罪”，许霆被判无期徒刑。一审判决许霆“无期徒刑”的法律依据是《刑法》第 264 条及《最高人民法院、最高人民检察院关于办理盗窃刑事案件适用法律若干问题的解释》规

[1] 王志安：《王志安专访“杭州保姆纵火案”被告律师：莫焕晶纵火背后》，https://v.qq.com/x/cover/9501nbc9efdn31s/j0522a6guvx.html，访问日期：2021 年 7 月 15 日。

定的“盗窃公私财物3万元至10万元以上的，为数额特别巨大”。“盗窃金融机构罪”的金额在量刑情节中尤为突出，“金融机构”的认定是刑事处罚的重要依据。

该案引起了全社会的关注，也产生了很多争议，不少学者、法律专家和律师发表了不同的看法。2008年1月8日，北京8名律师联名致函全国人大、最高人民法院，就“关于刑法及其法律适用若干问题亟待修改”的问题提交公民建议书。他们认为许霆案的判决罪刑不相当。用当时适用的刑法规定来衡量现在的犯罪行为，显然不符合社会现实情况。广东省律师协会电子商务法律专业委员会为此专门召开了许霆案学术研讨会。[1] 采取案例论证或学术研讨会的案件一般都是引发社会和法律界争议、具备一定难度的案件。律师参与其中，可以使案件细节得到充分讨论，在彼此的交锋中寻找最佳解决方案，律师在这一场景中发表的言论，同样属于律师庭外言论的一种。

二、律师庭外言论的国际准则

我们可以从世界性规则和欧洲的地区性规则两大方面来论述律师与媒体关系的国际准则。

（一）联合国人权规则中的律师庭外言论规则

《世界人权宣言》第19条、《公民权利与政治权利国际公约》第19条与《欧洲人权公约》第10条等国际条约均明确了公民享有言论自由的权利。其中《公民权利与政治权利国际公约》第19条和《欧洲人权公约》第10条还规定了对公民言论自由的限制。《公民权利与政治权利国际公约》第19条第3款规定：“本条第二款所规定的权利的行使带有特殊的义务和责任，因此得受某些限制，但这些限制只应由法律规定并为下列条件所必需：（甲）尊重他人的权利或名誉；

[1] 张景华：《许霆案期待突破法律困惑获取法律和社会效果俱佳判决》，《光明日报》2008年3月31日，第9版。

（乙）保障国家安全或公共秩序，或公共卫生或道德。”该款要求对言论自由的限制必须符合特定的条件。根据上述规则，公民的言论自由权作为一项基本人权，不能随意加以限制；对公民的言论自由进行限制的条件是基于法律的规定，目的是保护更重要的利益。

在特殊情况下，需要对辩护律师的言论自由进行必要限制。国际规则中的律师言论限制主要体现在国际规则关于律师言论自由的“但书”中。[1]1990 年联合国预防犯罪和罪犯待遇大会通过的《关于律师作用的基本原则》第 23 条指出：“与其他公民一样，律师也享有言论、信仰、结社和集会的自由。”所以，他们有权参与关于法律、司法、保护人权等问题的讨论。但律师在行使这些权利时“应始终遵照法律和公认准则以及按照律师的职业道德行事”。[2]

律师身为国家公民享有公民言论自由是毋庸置疑的，但身为律师是否享有与公民同样的言论自由在学界依旧存在不同的看法。有的学者认为律师应当与其他公民一样享有言论自由，言论不应受到额外的限制。[3]有的学者认为律师作为参与诉讼的主体有慎言义务，在言论自由方面应受到更多约束[4]；也有学者认为律师拥有职业身份带来的影响力，应当受到与媒体同等的言论限制。[5]显然，国际准则实际上采用了“限制说”。

---

[1] 高一飞：《国际准则视野下的媒体与司法关系基本范畴》，《东方法学》2010 年第 2 期，第 47 页。

[2]《关于律师作用的基本原则》第 23 条规定：“与其他公民一样，律师也享有言论、信仰、结社和集会的自由。特别是，他们应有权参加有关法律、司法以及促进和保护人权等问题的公开讨论并有权加入或筹组地方的、全国的或国际性的组织和出席这些组织的会议，而不致由于他们的合法行为或成为某一合法组织的成员而受到专业的限制。律师在行使这些权利时，应始终遵照法律和公认准则以及按照律师的职业道德行事。”

[3] 陈强：《律师庭外言论规制研究》，中央民族大学 2013 年硕士学位论文，第 29 页。

[4] 张国全：《律师慎言义务研究》，《法律适用》2020 年第 17 期，第 136 页。

[5] 胡田野：《新媒体时代律师庭外言论的规制》，《法学》2014 年第 1 期，第 8—9 页。

（二）欧洲人权标准中的律师庭外言论规则

《欧洲人权公约》第 10 条第 1 款规定："人人享有表达自由的权利。此项权利应当包括持有主张的自由，以及在不受公共机构干预和不分国界的情况下，接受和传播信息和思想的自由。"但是第 2 款又规定："行使上述各项自由，因为负有义务和责任，必须接受法律所规定的和民主社会所必需的程式、条件、限制或者是惩罚的约束。"对于司法程序中言论自由的限制，《欧洲人权公约》第 6 条第 1 款规定，为了道德、秩序或国家安全，或者出于保护未成年人利益或保护当事人隐私等原因，可以通过限制新闻媒体和公众的方式，也即限制司法公开的范围的方式来维护司法利益。[1]

在对律师的言论规则上，《欧洲法律职业核心原则宪章和欧洲律师行为准则》第 2.6.1 条规定："律师有权将其所提供的服务信息告知公众，前提是该信息准确、无误导性，并符合保密义务和其他职业核心价值的要求。"第 2.6.2 条规定："在符合前款法条要求的情况下，律师可以在任何媒体进行个人宣传，例如报刊、广播、电视、电子商业信息等。"[2] 可见，从国际准则和欧洲人权规则来看，一方面，强调了律师也享有普通公民的言论自由，这不能因律师的特殊职业而剥夺，另一方面，律师也要与普通公民一样"遵照法律和公认准则"，同时要"按照律师的职业道德行事"；欧洲人权规则在列举了律师言论要遵守真实、保密等核心价值的基础上，作了要求遵守"其他职业核心价值"的兜底规定。这一兜底规定，给各国制订律师庭外言论规则留下了较大的裁量空间，也需要欧洲人权法院通过判例进一步明确

[1]《欧洲人权公约》第 6 条第 1 款规定："判决应当公开宣布。但是，基于对民主社会中的道德、公共秩序或国家安全的利益，以及对民主社会中的青少年的利益或是保护当事人隐私的考虑，或者是法院认为在特殊情况下公开审判将损害公平利益时，可以拒绝记者和公众参与旁听全部或部分审讯。"

[2] Charter of Core Principles of the European Legal Profession and Code of Conduct for European Lawyers (2019).

其含义。

在 2015 年莫里斯诉法国（Morice v. France）[1] 一案中，欧洲人权法院的判决系统地阐述了其对律师言论自由的立场，并就保护律师庭外言论自由提出了一系列基本原则与具体分析方法。

一方面，欧洲人权法院在判例法中明确了两种情形下的律师言论自由：（1）律师可以在法庭之外通过接受新闻报道或出席电视新闻节目的方式为当事人辩护；（2）律师有权对司法运作提出批评。对于第一种情形，欧洲人权法院在奥坦诉法国（Ottan v.France）[2] 一案中作出了分析。欧洲人权法院认为：这种通过媒体继续进行的辩护必须在用尽其他辩护手段之后方可进行，律师不必对以"采访"形式发表的所有内容承担责任，尤其是在有些报道已经明确标注律师对有关内容并不知情的情况下。在第二种情形中，由于司法运作涉及公共利益，欧洲人权法院对律师发表此类言论的自由给予高度保护，成员方在限制这种自由方面的判断余地较小。但无论是在庭外为当事人辩护抑或批评司法运作，律师们都不能发表侮辱性言论，也不能在没有充分事实依据的情况下发言。[3] 这一裁判充分肯定了律师批评司法的权利，但是不能有侮辱性言论、没有充分事实依据的言论。同时，欧洲人权法院

---

[1] 基本案情如下：申请人奥利弗·莫里斯先生是一名法国律师，在其代理的博雷尔（Borrel）先生死亡一案中认为"调查法官 M. 和 L.L. 的行为完全不符合公正和公平的原则"，且检察官与调查法官之间存在共谋关系，并据此向司法部长提出申诉，要求"司法服务总检查局对司法调查过程中暴露出来的许多缺点进行调查"。在提出申诉后，莫里斯先生接受了《世界报》的采访，《世界报》的一篇文章对检察官与调查法官之间的通信进行了摘录，并报道了莫里斯先生就此事对记者所作的陈述。M. 法官和 L.L. 法官提起刑事诉讼，指控莫里斯先生及《世界报》的出版主任等人诬告。一审认定莫里斯等人犯有诽谤公职人员罪，并对他们处以罚款，二审维持原判，后由最高上诉法院撤销全部判决发回重审，重审结果依然是维持原判。随即莫里斯先生等被告向欧洲人权法院提起上诉。See Morice v. France, (Application No. 29369/10), Judgment of 23 April 2015.

[2] Ottan v. France, (Application No. 41841/12), Judgment of 19 April 2018, Para. 67.

[3] Morice v. France, (Application No. 29369/10), Judgment of 23 April 2015, Para. 125.

没有对律师在庭外言论中是否可以公开案件流程信息、诉讼证据等作出禁止性要求。

另一方面，从《欧洲人权公约》第10条规定的“言论自由权”出发，欧洲人权法院在该案判决中重申了自己对律师言论自由的基本态度，并将其总结为三项基本原则：一是言论自由的程度因言论内容是否涉及公共利益而有所不同。《欧洲人权公约》对政治言论或关于公共利益事项的言论进行限制的范围很小，且留给各成员方自由裁量的空间也不大。二是为了维护司法机关的权威，代表国家制度的法官应当接受批评，且范围应当比普通公民更加广泛，除非其所遭受的批评是毫无根据的、具有严重损害性的。三是基于律师连接公民与法院的特殊地位，律师享有言论自由权，只有在特殊情况下才能对辩护律师的言论自由进行必要限制，限制的程度根据律师言论发表于法庭之上抑或法庭之外而有所区别。该案中，莫里斯先生发表的言论向公众揭露了国家诉讼程序中的不足之处，属于有关公共利益问题的辩论，其言论自由应受到高度保护。法院认为申请人所作陈述的表达方式与案件事实有充分联系，属于具有充分事实依据的价值判断。因此，法国国内法院对莫里斯诽谤的判决难以认定属于《欧洲人权公约》第10条意义上的为“民主社会所必需”，可视为对莫里斯言论自由权的不成比例的过度干涉。[1] 欧洲人权法院这一裁判的本质是律师享有庭外为当事人辩护的言论自由权以及对司法进行批评的言论自由权。

（三）国际规则中律师言论规则的体系特征

联合国人权规则和欧洲人权规则中律师言论规则体现了两个主要特征。

---

1 Inger Høedt-Rasmussen, Dirk Voorhoof, “A Great Victory for the Whole Legal Profession”, https://strasbourgobservers.com/2015/05/06/a-great-victory-for-the-overall-profession-of-lawyers/, 2021-8-8.

（1）特别强调了律师的职业身份不能成为剥夺其言论自由权的理由。在媒体与司法的关系上，言论自由和司法秩序有没有先后次序之分呢？国际法学家协会在1994年发布的《媒体与司法关系的马德里准则》的导言和第11条[1]认为，司法与媒体的关系，是国家权力与公民权利的关系，二者存在先后次序的关系，即言论自由处于优先的地位，从这个意义上说，媒体与司法是一种“简单关系”。[2]国际公约只是规定“至少应当保障这个程度上的言论自由”这样一个最低限度的国际标准，各国可以在这个基础上使媒体有更多的言论自由。虽然律师从事特殊职业，但首先是普通公民，《关于律师作用的基本原则》第23条强调了“与其他公民一样，律师也享有言论、信仰、结社和集会的自由”。《欧洲法律职业核心原则宪章和欧洲律师行为准则》第2.6.1条规定了“律师有权将其所提供的服务信息告知公众”。第2.6.2条强调，“在符合前款法条要求的情况下，律师可以在任何媒体进行个人宣传。”将律师的言论自由放在第一位进行优先规定。

（2）对律师言论的限制规则比较抽象，需要各国根据自己的国情具体化。《关于律师作用的基本原则》第23条要求律师在行使言论自由权时“应始终遵照法律和公认准则以及按照律师的职业道德行事”；《欧洲法律职业核心原则宪章和欧洲律师行为准则》第2.6.1条规定的限制规则是“该信息准确、无误导性，并符合保密义务和其他职业核心价值的要求”。前者没有给出任何具体规则，后者除强调律师言论

[1]《媒体与司法关系的马德里准则》导言中提出：“媒体自由是表达自由的一部分，是民主社会实行法治的基础。法官的责任是承认和实现言论自由，适用法律时作有利于言论自由的解释。只能根据《公民权利与政治权利国际公约》明示授权才能对媒体自由予以限制。”第11条规定：“即使对规则规定的权利加以限制，也只能以尽可能最低的程度和最短的时间，可以用较低限度的方法达到目的时，不能使用较高限度的方法。”“规则只是规定了言论自由的最低标准，它并不妨碍更高标准的确立。”

[2] 高一飞：《司法与媒体：复杂而简单的关系》，《内蒙古社会科学》2006年第2期，第11页。

2. 美国

在美国，对律师庭外言论的规制应当采取哪一种标准一直处于争论之中，但在1991年的“金泰尔诉州律师协会案”（Gentile v. State Bar of Nevada）[1]之后，形成了较为统一的观点，这个案件实际上支持了“有损害审判程序的实质可能性”标准。之所以多数法官支持了“有损害审判程序的实质可能性”标准，是因为他们认为律师这一职业群体不同于一般公众，具有特殊性，应当受到职业道德的规范并承担更大的道德责任，也应该确立相对一般媒体言论较为宽松的标准，其在媒体前的言论应以是否“有损害审判程序的实质可能性”为标准。[2]由于会受到限制和禁止的言论是“有损害审判程序的实质可能性”的言论，这一规则可以被称为“有害性规则”或“诉讼无害规则”。

美国1887年《阿拉巴马职业道德法典》是美国最早的关于律师职业道德的法典，其第17条规定了律师发表在报纸上的言论，除非有充足的理由，否则不得涉及未决诉讼或预期诉讼的实体问题。[3] 1978年的《美国律师协会刑事司法标准》采取一种较为严格的标准，规定只有律师在审判外就未决案件对媒体的言论对公正审判造成“明显且现实的危险”时，才能惩罚律师。但是在1983年，《美国律师协会职业行为示范规则》第3.6条a规定了“有损害审判程序的实质可能性”的标准，[4]这一标准在2019年最新版的《美国律师协会职业行为

[1] Gentile v. State Bar of Nevada, 501 U.S. 1030 (1991).

[2] 张吉喜：《论美国刑事诉讼中表达自由权与公正审判权的平衡》，《中国刑事法杂志》2009年第1期，第123页。

[3] Ala. Code of Ethics § 17 (1887), reprinted in Henrys. Drinker, Legal Ethics 356 (1953).

[4] 美国《职业行为示范规则》第3.6条：“正在参与或曾经参加关于某项事务的调查或诉讼的律师，如果知道或合理的知道其所作的程序外言论会被公共传播媒体传播，并对裁判程序有产生严重损害的重大可能，则不得发表这种程序外言论。”北京市律师协会组编：《境外律师行业规范汇编》，中国政法大学出版社2012年版，第225页。

示范规则》中沿用了下来，表明美国律师行业规范对于律师庭外言论的限制标准不是一成不变的，而是会随着具体案情的不同和时代的发展发生变化。例如，“有损害审判程序的实质可能性”的标准显然低于“明显且现实的危险”标准。另外，《美国律师协会职业行为示范规则》第 3.6 条 a 和 b 还分别规定了律师安全发表言论的“安全港规则”和对最近宣传所造成的重大不当损害进行平衡性回应的“回应权规则”。

美国法律并不一般性地禁止律师庭外言论，限制律师言论的范围是：禁止律师针对正在办理的案件，发表“有造成重大偏见的高度可能”的言论。其他情况下，律师拥有一般公民所享有的言论自由。

3. 加拿大

加拿大对律师庭外言论也采取原则性保护的政策。根据加拿大《职业行为示范守则》第 7.5 条规定，“律师在不违反对委托人、对职业、对法院和对司法公正的义务的前提下，可以与媒体交流，可以公开露面并发表言论”。[1] 同时，第 7.5 条规定了律师庭外言论的限制条件，即如果律师审前的庭外言论对任意一方获得公平审判或听证的权利“有造成重大偏见的高度可能”，那么他就不应当发表该言论。[2] 总体而言，加拿大对律师庭外言论的要求相对宽松，对律师庭外言论持原则性保护的态度，在界定律师庭外言论是否违规的标准上移植了美国的制度，即是否对公平审判权“有造成重大损害的实质可能”。

4. 澳大利亚

澳大利亚对律师庭外言论予以原则性禁止，同时规定类似于“安全港”和“回应权”的条款给予律师发表庭外言论一定的自由。根据澳大利亚《法律职业统一行为规则（大律师）》第 76 条规定：“辩护

[1] FLSC Model Code of Professional Conduct (As amended October 19, 2019), rule 7.5.

[2] FLSC Model Code of Professional Conduct (As amended October 19, 2019), rule 7.5.

律师不得公布或者采取任何措施公布诉讼的有关信息，具体包括三类：一是明知是不准确的信息；二是机密信息；三是‘看似或者确实’表达了律师对当前或者潜在诉讼程序是非曲直的观点，或者对前述程序中出现的任何问题的意见，但是学术、教育类的观点和意见不在此列。”[1] 可见，前两类信息并未限制时间，即使在诉讼程序结束后律师也不得发表这两类意见；第三类信息仅针对正在进行或者可能进行的诉讼程序，诉讼结束后律师发表的该类意见即不受限制。这与修改前的英国规定存在一定的相似之处，即禁止舆论辩护。第 77 条是关于律师在其正在或将要参加的诉讼中可就哪些问题发表庭外言论的例外规定，主要包括公开性或程序性的信息等，如法院作出的命令和判决、已送达法院的诉状副本、法院允许公开的证据副本等。同时在不违反判例法的情况下，律师还可就相关问题进行回应。[2] 这与美国律师庭外言论的“安全港”和“回应权”规则类同。

总体而言，澳大利亚对律师庭外言论原则性禁止谈论“诉讼程序是非曲直”，澳大利亚借鉴了类似美国“安全港”和“回应权”的规定，在原则性禁止的框架下给予律师特定的言论自由。

（二）大陆法系国家及混合法系国家的规则

多数大陆法系国家的法律中并未明文规定律师庭外言论的原则性规则，即使有也多是涉及律师保密义务、真实言论、商业广告等方面的规定。

1. 法国

法国也采用原则性保护的模式，但并不提倡律师发表庭外言论。虽然法国国家法律并未对律师庭外言论作出原则性的规定，但在地方，这一方面得到了细化。根据《巴黎律师内部规则》第 10.1 条规定，“律师可以在他选择的领域并根据他认为适当的方式自由表达自

---

1 Legal Profession Uniform Conduct (Barristers) Rules 2015, rule 76.

2 Legal Profession Uniform Conduct (Barristers) Rules 2015, rule 77.

己的意见”“如果律师就当前案件或与专业活动有关的一般问题发表声明，他必须表明他以何种身份发言并保持特别警惕”。此条规则实质上规定了律师就业务问题发表言论的谨慎义务。《巴黎律师公会规程》第 10.2 条规定的禁止事项中指出，“所有欺诈性广告或含有不准确的或虚假信息的广告”都是被禁止的；第 21.2.6.1 条规定：“律师可以向公众告知其所提供的服务，但前提是所提供的信息必须真实，并严格遵循职业保密原则和其他律师职业的基本原则。”这两个条款规定了律师的广告规则，在广告中要遵守真实与保密义务。

法国新刑法第 434 条规定，任何人在最终判决宣布前发表旨在向证人、调查人员和审判人员及审判过程施压的言论，均属犯罪行为。为防止律师被追责，大多数律师协会内部章程规定，律师向报界发表公告必须经会长审查批准。当律师向普通的报纸和杂志提供司法评论意见时，必须严格做到其提供的意见只能包括理论性的判断，而不含有对某些专门问题的回答。[1] 要求律师对具体案件的评论要经过批准、“只能包括理论性的判断”，违背这一规定情节严重的行为可能会触犯刑法、构成犯罪。

2. 德国

德国对律师庭外言论持原则性保护的观点。《德国联邦律师条例》第 43a 条第 2 款规定：律师有保持沉默的义务和在诉讼中不发表有违客观言论的义务。德国联邦律师公会制定的《德国律师守则》第 2 条第 2 款规定了律师应当避免在媒体面前表现出意图耸人听闻地宣扬本人或其处理的案件。《德国联邦律师法》对律师庭外言论的规定较少，只针对律师的保密义务、[2] 言论真实义务、[3] 广告行为[4] 有明文规定。德国

[1] 吴晨：《规制庭外言论和司法评论的域外范例》，《中国律师》2017 年第 9 期，第 56 页。

[2] Bundes rechts anwalts ordnung (BRAO), § 43a(2).

[3] Bundes rechts anwalts ordnung (BRAO), § 43a(3).

[4] Bundes rechts anwalts ordnung (BRAO), § 43b.

律师委员会制定的《律师职业守则》中关于律师言论的描述也较为简略，第 6.1 条规定："律师可以提供个人信息和有关其服务的信息，前提是所提供的信息是客观的并与其专业活动相关。"[1] 这一条款主要针对的是律师的广告宣传行为。因此，虽然德国法律规范中鲜少直接提及律师庭外言论，但并不禁止律师发表庭外言论。由于德国尊重法官审判案件的自主性，对新闻报道的限制有限，因此并没有专门规定关于"藐视法庭罪"的法律。[2]

3. 意大利

意大利对律师庭外言论持原则性保护态度，并对其进行了明文规定。意大利《律师行为准则》第 18 条规定了律师与媒体的关系，"律师需要遵守自由裁量权的原则和保密义务；经委托人的同意并且为了维护委托人的利益，只要不违反保密义务，律师可以向媒体提供信息"，但在任何情况下，律师都得确保未成年人的匿名。[3] 上述两个条款规定了安全港的内容和禁止泄密、违背委托人意愿、保护未成年人利益的义务。[4] 实质上包括了安全港条款和禁止性条款。意大利《法律职业新规》第 10 条规定，"律师可以发布关于其专业活动、公司组织结构、任何专业以及所持有的科学和专业资格的信息"。[5] 规定了广告过程中的执业信息公开权利。

---

1 Berufs ordnung (BORA) in der Fassung vom 01.01.20201, § 6 (1).

2《德国律师守则》第 2 条第 2 款规定：律师在出席法庭时在与报刊、广播及电视的关系中，应避免表现出意图耸人听闻地宣扬本人或其处理的案件。

3 CODICE DEONTOLOGICO FORENSE (approvato dal Consiglio nazionale forense nella seduta del 31 gennaio 2014 e pubblicato nella Gazzetta Ufficiale Series Generale n. 241 del 16 ottobre 2014), Art.18.1.

4 CODICE DEONTOLOGICO FORENSE (approvato dal Consiglio nazionale forense nella seduta del 31 gennaio 2014 e pubblicato nella Gazzetta Ufficiale Serie Generale n. 241 del 16 ottobre 2014), Art.18.2.

5 LEGGE 31 dicembre 2012, n. 247 1 Nuova disciplina dell'ordinamento della professione forense (aggiornato al 18 luglio 2020), Art. 11.1.

4. 日本

日本《律师法》[1]和日本律师联合会制定的《律师基本职责规定》[2]《律师职业道德》[3]中均未提及律师庭外言论，只是针对律师的保密、广告等行为作出了具体规定。例如，日本的《日本律师职务基本准则》第9条规定："律师进行广告或宣传时，不得提供涉及虚假或误导的信息。"[4]这实际上是律师庭外言论必须遵循真实性规则和合法广告规则的体现。

（三）域外规则中律师言论规则的体系特征

总结国外的律师言论规则，整体上与国际规则一致，即律师有发表庭外言论的权利，但对哪些言论才是符合职业伦理和核心职业价值的，各国通过授权性、禁止性、倡导性条款给出了具体的符合本国国情的规定（见表1-1）。各国对庭外言论的无害规则有四个特点：

表1-1　各国律师言论规则比较一览表

国别	总体规则	安全港规则	回应权规则	保密规则	真实性规则	广告特殊规则
英国	符合律师的职业伦理道德、允许舆论辩护	无	无	有	无	无
美国	不得"有损害审判程序的实质可能性"、允许舆论辩护	有	有	无	无	无
加拿大	不违反对委托人、对职业、对法院和对司法公正的义务	无	无	无	无	无

1 《弁護士法》（昭和二十四年法律第二百五号）。

2 《弁護士職務基本規程》（平成十六年十一月十日会規第七十号，改正平成二六年一二月五日）。

3 《弁護士倫理》（平成二年三月二日臨時総会決議，改正平成六年一一月二二日）。

4 北京市律师协会组编：《境外律师行业规范汇编》，中国政法大学出版社2012年版，第785页。

续表

国别	总体规则	安全港规则	回应权规则	保密规则	真实性规则	广告特殊规则
澳大利亚	律师不得公布对当前或者潜在诉讼程序是非曲直的观点	有	有	有	有	无
法国	原则性保护模式	无	无	无	无	有
德国	有保持沉默的义务和在诉讼中不发表有违客观言论的义务	无	无	有	有	有
意大利	律师可以向媒体提供信息	有	无	有	无	有
日本	无	无	无	无	无	有

1. 律师可以发表言论

无害规则的基本规则是在“无害”的前提下，律师是可以发表言论的。即律师言论有一个安全发表的范围，我们可以概括为安全港规则。以美国为代表，对“无害”言论的范围界定又有两个标准：一是禁止对正在进行委托的案件发表“有损害审判程序的实质可能性”的言论；二是与自己代理的具体案件无关，但与其他的律师职业伦理有关的言论。

2. 所有国家均不禁止舆论辩护

英国历史上曾经要求完全不得对自己办理的案件的“事实和争点的问题”发表言论，体现了禁止舆论辩护的特点，但是这一特点与欧洲人权法院的观点是相悖的，现在已经被废止，将律师言论的基本规则修改为“不违反律师核心职业伦理”。

3. 有害的具体表现涉及多个方面

整体上主要包括泄密、不真实、虚假宣传，可以概括为保密性规则、真实性规则和合法广告规则。

4. 规定回应权条款

美国和澳大利亚规定了回应权条款。在控方存在违规言论的前提下，律师可以发表回应性言论。因此，回应权规则是少数国家特有的规则。

综合国际规则和域外各国规则，可以看出，国际规则中的“符合职业道德规则”在各国被进一步发展为“无害规则”。“无害”一词产生于美国，原意是不会“损害审判程序”，但世界各国对“无害”的含义都已经扩大为“损害律师职业伦理”。这一基本规则前提下，体现无害规则的派生规则包括五个即安全港规则、回应权规则、真实性规则、保密性规则与合法广告规则。

四、确立中国辩护律师庭外言论规则体系的依据

我国也应当确立世界各国通用的律师言论五大规则，理由是，这一规则体系结构完整、逻辑严密：安全港规则从正面规定律师可以发表的无害言论的基本范围；回应权规则确立律师有条件地发表突破安全港规则的言论范围；真实性规则、保密性规则确立了律师言论的禁区；合法广告规则确立了律师言论的宣传性规则。在这一规则体系的内容上，保护性规则与禁止性规则相贯通、主体性规则与配套性规则相关联、常态规则与例外规则相结合，已经形成了保护全面、限制适当的律师言论规则体系。另外，在具体规则的设置上还考虑了以下几个理由：

（一）调整辩护律师个案言论和一般执业言论

我国律师言论规范存在于《刑法修正案（九）》《律师法》《中华全国律师协会执业行为规范》与地方司法规范性文件以及各地市律师协会执业行为规范中。关于中国应当建立什么样的律师庭外言论规则，不少学者提出了建设性的建议。有学者认为，律师的庭外言论问题是中国司法语境的特殊产物，区别于西方语境，应当通过对中国司

法现状的观察与类型化分析来解决问题。对于律师庭外言论的具体规制方法，应当在保证诉讼程序的公正性和律师执业的规范性前提下进行适当扩张。[1]也有学者认为，律师庭外言论规则的基础是平衡言论自由与审判公正之价值冲突，美国关于律师言论的规范发展较成熟，通过详解美国关于这一问题的案例，分析其规则确立过程中的观点碰撞，可以反思得出我国在进行相关价值平衡时应坚持的原则。[2]

实际上，美国的无害规则是针对陪审团审判的特殊情况下法官向律师发布缄口令和进行藐视法庭罪处罚的标准，在此标准之外，同样有禁止泄露秘密规则、真实性规则等言论规则，如美国的成文法《联邦证据规则》《美国律师协会律师职业行为标准规则》都规定，除非委托人同律师磋商后表示认可，律师不得公开与代理有关的案情。[3]《美国律师协会职业行为标准规则》（2011 年版）第 4.1 条规定了律师对他人的声明应当真实。美国实质上同样存在律师言论不得有其他损害律师职业伦理的要求。因此，无论是国际准则还是域外规则，律师言论规则都涉及诉讼时的言论规则和非诉讼时其他律师职业活动的言论规则，后者典型的是律师广告行为规则。律师在以上两种情况下的言论都是联合国所说的律师职业伦理规范的对象，在我国都有规制的必要，因此世界各国关于律师言论的五大规则都有必要在我国进行全面规定。

（二）兼顾保护律师庭外言论和限制律师庭外言论

强调保障律师的言论自由权，应当通过规定安全港规则和回应权规则来保障律师的言论自由。选择什么样的媒体与司法关系模式，与

---

1 谷佳慧：《律师庭外言论的界限及其规制》，《成都理工大学学报（社会科学版）》2015 年第 6 期，第 8—9 页。

2 马勤：《舆论是否毒害了一个公正的陪审团——斯基林诉美国案评析》，《中国案例法评论》2017 年第 2 期，第 62 页。

3 北京市律师协会组编：《境外律师行业规范汇编》，中国政法大学出版社 2012 年版，第 179 页。

一个国家的司法模式有关。关于司法和政治的关系，毛罗·卡佩莱蒂（Mauro Cappelletti）[1]提出了三种模型：第一种是"镇压或是依赖模型"，即司法机关处于政治领袖或者政党的直接控制之下。苏联和戒严时期的我国台湾地区即属于此种模型。第二种是"协作自主模型"，此种模型下司法机关独立于政治部门，两者相互协作、互不干扰。法国、英国、意大利属于该模型。第三种是"响应或者消费者导向模型"，该模型下司法机关不仅需要承担法律责任，还需承担一定的社会、政治责任。美国是该模型的典型代表。[2]

综上所述，我国属于"消费者导向模型"更为妥当，人民是司法的消费者，司法也应对人民负责，人民对司法权力的监督与批评对司法判决会产生一定影响。这一模式要求我们不能照搬西方的司法独立模式，司法必须接受广泛的制约监督。2020 年 8 月 26 日，我国第二次政法领域改革推进会提出了建设执法司法五大制约监督机制的目标，即党的领导与监督、司法机关之间的制约监督、司法机关内部制约监督、社会监督、智能管理监督，形成系统完备的执法司法制约监督体系。[3]其中社会监督就包括律师监督和媒体监督，律师的庭外言论有利于实现对司法的社会监督。所以，我国不宜采用英国历史上曾经采纳的禁止舆论辩护模式，但是，可以将舆论辩护限制在特定的情况下，即采纳回应权条款。

强调保障律师的言论自由权，具有可行性。中国和大陆法系国家一样，是典型的由法官主导审判过程的国家，律师的庭外言论不会影响人民法院独立审判。我国虽然也实行陪审员制度，但和英美法系国家的陪审团制度相比存在较大的差别。除了一些由法官独任审判的案

1 Mauro Cappelletti, "Who Watches the Watchmen? A Comparative Study on Judicial Responsibility", in S. Shetreet ed. eds., *Judicial Independence: The Contemporary Debate*, London: Oxford University Press, 1985, pp.6-12.

2 高一飞：《媒体与司法关系规则的三种模式》，《时代法学》2010 年第 1 期，第 10 页。

3 周斌：《一批重大举措落地见效 百项政法领域改革任务大多数已完成》，《法治日报》2020 年 8 月 28 日，第 2 版。

件，剩下的案件都交由合议庭审判，在合议庭讨论过程中，法官的专业化、理性化的思维起着主要作用。人民陪审员即使参与审判，也主要是从案件事实的角度给出意见，很难主导案件的基本走向，即使存有偏见，也比较容易在法官的帮助下消除，不容易受到媒体报道和律师庭外言论的影响。此外，我国的人民陪审员根据《人民陪审员法》的要求必须参加培训，可以有效地提高其法律知识和判断思考的能力。因此，关于庭外言论影响司法公正的顾虑一般存在于采取陪审团审判模式的英美国家，我国并不需要过于担忧庭外言论损害审判者的公正性。因此，我国应当通过安全港规则、回应权规则允许律师就具体案件发声，加强对司法的制约监督。

（三）参照国际规则和域外规则

我国律师言论规范实际上与国际规则和域外规则一致。我国有律师言论规则分散在各种法律法规和行业纪律中。2001 年的《律师职业道德和执业纪律规范》第 39 条规定了律师对委托事项的保密义务。我国律师行业的基本规范是《律师执业行为规范》。[1]2004 年版的《律师执业行为规范（试行）》规定了律师谨慎对话司法评论的内容，第 56 条规定了禁止律师事务所、律师及其辅助人员泄露委托人的商业秘密、隐私和其他信息的内容。[2]第 57 条规定律师可以公开委托人授权同意披露的信息，第 58 条规定了律师公开委托人信息的例外情形[3]，

---

[1] 该规则的制订修订情况如下：《律师执业行为规范》经 2004 年 3 月 20 日第五届中华全国律师协会第九次常务理事会审议通过试行；2009 年 12 月 27 日第七届中华全国律师协会第二次理事会修订。

[2] 2004 年 3 月 20 日中华全国律师协会《律师执业行为规范（试行）》第 56 条规定："律师事务所、律师及其辅助人员不得泄露委托人的商业秘密、隐私，以及通过办理委托人的法律事务所了解的委托人的其他信息。但是律师认为保密可能会导致无法及时阻止发生人身伤亡等严重犯罪及可能导致国家利益受到严重损害的除外。"

[3] 2004 年 3 月 20 日中华全国律师协会《律师执业行为规范（试行）》第 58 条规定："律师在代理过程中可能无辜地被牵涉到委托人的犯罪行为时，律师可以为保护自己的合法权益而公开委托人的相关信息。"

第59条规定律师代理工作结束后，仍有保密义务。此外，第163条还规定了与律师庭外言论相关的规则："在诉讼或仲裁案件终审前，承办律师不得通过传媒或在公开场合发布任何可能被合理地认为损害司法公正的言论。"该内容与《美国律师协会职业行为示范规则》第3.6条（a）款相似，均对律师的庭外言论作出了概括性的规定，为律师庭外言论提供了警示。但第163条规定在后续的修改中被删除。

《律师法》[1]第38条规定："律师应当保守在执业活动中知悉的国家秘密、商业秘密，不得泄露当事人的隐私。律师对在执业活动中知悉的委托人和其他人不愿泄露的有关情况和信息，应当予以保密。但是，委托人或者其他人准备或者正在实施危害国家安全、公共安全以及严重危害他人人身安全的犯罪事实和信息除外。"此条规定了律师的保密规则。2009年《律师执业行为规范》第5条规定："律师应当忠于宪法、法律，恪守律师职业道德和执业纪律。"第8条规定了保密规则。[2]第11至30条规定了"业务推广原则"；第31至33条规定

[1] 该规则的制订、修订情况如下：1996年5月15日，第八届全国人民代表大会常务委员会第十九次会议通过；根据2001年12月29日第九届全国人民代表大会常务委员会第二十五次会议《关于修改〈中华人民共和国律师法〉的决定》第一次修正；2007年10月28日第十届全国人民代表大会常务委员会第三十次会议修订；根据2012年10月26日第十一届全国人民代表大会常务委员会第二十九次会议《关于修改〈中华人民共和国律师法〉的决定》第二次修正；根据2017年9月1日第十二届全国人民代表大会常务委员会第二十九次会议《关于修改〈中华人民共和国法官法〉等八部法律的决定》第三次修正。

[2] 2009年12月27日中华全国律师协会《律师执业行为规范》第8条规定："律师应当保守在执业活动中知悉的国家秘密、商业秘密，不得泄露当事人的隐私。律师对在执业活动中知悉的委托人和其他人不愿泄露的情况和信息，应当予以保密。但是，委托人或者其他人准备或者正在实施的危害国家安全、公共安全以及其他严重危害他人人身、财产安全的犯罪事实和信息除外。"

了“律师宣传”规则[1]。2016年修订施行的《律师执业管理办法》[2]中新增的第40、41、43、44条明确规定了对律师发表言论的规则和限制：应当依法、客观、公正、审慎；不得哄骗、唆使当事人提起诉讼；不得以不正当手段承揽业务；不得泄露秘密。[3] 2016年修订的《律师事务所管理办法》[4]第50条规定了律师事务所不得放任、纵容本所律师实施的一系列行为，其中就包括了禁止律师进行误导性宣传和评论、恶

[1] 2009年12月27日中华全国律师协会《律师执业行为规范》第31条规定：“律师和律师事务所不得进行歪曲事实和法律，或者可能使公众对律师产生不合理期望的宣传。”第32条规定：“律师和律师事务所可以宣传所从事的某一专业法律服务领域，但不得自我声明或者暗示其被公认或者证明为某一专业领域的权威或专家。”第33条规定：“律师和律师事务所不得进行律师之间或者律师事务所之间的比较宣传。”

[2] 该规则的制订、修订情况如下：2008年7月18日司法部令第112号发布实施，2016年9月18日修订后，2016年11月1日起施行。

[3] 2016年9月18日司法部《律师执业管理办法》第40条规定：“律师对案件公开发表言论，应当依法、客观、公正、审慎，不得发表、散布否定宪法确立的根本政治制度、基本原则和危害国家安全的言论，不得利用网络、媒体挑动对党和政府的不满，发起、参与危害国家安全的组织或者支持、参与、实施危害国家安全的活动，不得以歪曲事实真相、明显违背社会公序良俗等方式，发表恶意诽谤他人的言论，或者发表严重扰乱法庭秩序的言论。”第41条规定：“律师应当按照有关规定接受业务，不得为争揽业务哄骗、唆使当事人提起诉讼，制造、扩大矛盾，影响社会稳定。”第42条规定：“律师应当尊重同行，公平竞争，不得以诋毁其他律师事务所、律师，支付介绍费，向当事人明示或者暗示与办案机关、政府部门及其工作人员有特殊关系，或者在司法机关、监管场所周边违规设立办公场所、散发广告、举牌等不正当手段承揽业务。”第43条规定：“律师应当保守在执业活动中知悉的国家秘密、商业秘密，不得泄露当事人和其他人的个人隐私。”

[4] 该规则的制订、修订情况如下：2008年7月18日司法部令第111号发布，2012年11月30日司法部令第125号修正，2016年9月6日司法部令第133号修订，2018年12月5日司法部令第142号修正。

意炒作案件、制造舆论压力、扰乱法庭秩序等行为。[1] 另外，2018 年 1 月 31 日《律师业务推广行为规则（试行）》[2] 经第九届全国律协第十二次常务理事会审议通过，规则共计 20 条，专门规范律师的业务推广行为。

（四）兼顾宣传容许规则和防止炒作规则

律师是一种兼具服务性和商业性的职业。2008 年《律师法》第 2 条规定：律师是“为当事人提供法律服务的执业人员”。2021 年 6 月 10 日，司法部在对山东省司法厅关于确认律师事务所的性质的批复中指出：“对律师事务所应参照企业进行划型。”[3] 该批复明确指出律师事务

[1] 2018 年 12 月 5 日司法部《律师事务所管理办法》第 50 条规定：“律师事务所应当依法履行管理职责，教育管理本所律师依法、规范承办业务，加强对本所律师执业活动的监督管理，不得放任、纵容本所律师有下列行为……（二）对本人或者其他律师正在办理的案件进行歪曲、有误导性的宣传和评论，恶意炒作案件。（三）以串联组团、联署签名、发表公开信、组织网上聚集、声援等方式或者借个案研讨之名，制造舆论压力，攻击、诋毁司法机关和司法制度……（五）聚众哄闹、冲击法庭，侮辱、诽谤、威胁、殴打司法工作人员或者诉讼参与人，否定国家认定的邪教组织的性质，或者有其他严重扰乱法庭秩序的行为。（六）发表、散布否定宪法确立的根本政治制度、基本原则和危害国家安全的言论，利用网络、媒体挑动对党和政府的不满，发起、参与危害国家安全的组织或者支持、参与、实施危害国家安全的活动；以歪曲事实真相、明显违背社会公序良俗等方式，发表恶意诽谤他人的言论，或者发表严重扰乱法庭秩序的言论。”

[2] 该规则的起草过程如下：2017 年 4 月，全国律协行业规则委员会组建起草小组启动起草工作。规则草案十易其稿，历时八个多月，征集了十几个省份的律师协会反馈的近百条修改意见。规则委召开三次全体委员会议讨论修改本规则，并经过两次全国律协常务理事会审议。2018 年 1 月 6 日，《律师业务推广行为规则（试行）》经第九届全国律协第十二次常务理事会审议通过。2018 年 1 月 31 日，该规则正式发布实施。参见吴晨：《律师业务推广行为规则剖析》，《中国司法》2018 年第 3 期，第 55 页。

[3]《司法部关于律师事务所执行社会保险费减免政策有关问题意见的函》（司办函〔2021〕816 号）。

所参照企业划型，而企业属于市场主体，该性质的认定确认了律师事务所的企业性和律师的商业性。对于律师这一市场主体，我们应当允许其进行必要的广告和宣传。广告和宣传在民间也会被称为商业炒作，但是，“炒作”一词并非法律用语，含义多种多样，以禁止“炒作”作为辩护律师庭外言论的标准，不容易形成可以操作和把握的规则。

2021 年 10 月 15 日通过的《关于禁止违规炒作案件的规则（试行)》共 13 条，有些是可以明确把握的内容如禁止危害国家安全，禁止违反保密性规则、真实性规则而泄密、诽谤他人等；有些是不容易把握的，如禁止通过媒体对案件发表不当评论等。

《关于禁止违规炒作案件的规则（试行)》第 2 条明确：“案件承办律师在诉讼过程中发表代理、辩护等意见的权利受法律保护，但发表危害国家安全、恶意诽谤他人、严重扰乱诉讼及法庭秩序的言论除外。”该规则明确了违规炒作案件的具体情形，包括两种：

1. 禁止违规发表与具体案件相关的言论

此种情况可以分为两类：第一类是违规炒作案件（《关于禁止违规炒作案件的规则（试行)》第 4 条），具体包括通过联署签名、发表公开信、组织网上聚集、声援等方式或借个案研讨之名，制造舆论压力，影响案件依法办理；通过媒体就案件进行歪曲、有误导性的宣传、评论，以转发、评论等方式炒作误导性、虚假性、推测性的信息；侮辱、诽谤办案人员、对方当事人及其他诉讼参与人，或者通过披露有损办案人员、当事人及其他利害关系人隐私等不正当方式，歪曲或丑化办案人员、当事人及其他诉讼参与人形象；违规披露未成年人案件中涉案未成年人的个人信息，或者在非未成年人案件中以未成年人案件为噱头进行宣传；煽动、教唆当事人或其他人员通过媒体对案件发表不当评论，制造影响，向办案机关施压。第二类是规范披露案情等行为（《关于禁止违规炒作案件的规则（试行)》第 5 条、第 6 条、第 7 条）。明确规定：针对公开审理案件，律师和律师事务所不得披露、散布通过会见、阅卷、调查取证等执业活动获取的可能影响案件依法办理的重要信息、证据材料；针对不公开审理案件，不得披露、散布除法律准许公开外的信息、材料。

2. 禁止违规发表与案件无关的言论

包括不得违规对重大决策部署、公共事件、涉法问题等发表评论；发表评论意见行为不得损害律师职业尊严和律师行业形象（《关于禁止违规炒作案件的规则（试行）》第8条、第9条）。从第二种情形来看，《关于禁止违规炒作案件的规则（试行）》虽然名称上体现为“禁止违规炒作案件”，但是也规范律师发表与案件无关的违规言论行为。

以上内容中，除了涉及危害国家安全、泄密、诽谤等具体违规违法言论外，抽象地发表对案件和公共事务评论的言论事实上很难认定为违背执业纪律行为和违法犯罪行为，原因在于需要将“违规”发表评论的内容落实到具体的危害国家安全、泄密、诽谤等规则中去。“炒作”一词是抽象的，但其内容应当是具体的，符合应当规范的基本要求。对于其他的宣传性规则，内容很多，但是，辩护律师庭外言论应当遵循广告规则，使其重要内容也是可以形成具体规范的规则。因此，辩护律师广告规则应当纳入防止炒作的规范体系中。辩护律师广告规则的基本内容是：允许进行律师广告，但是，非法广告是炒作的方式之一，应当予以禁止。

综上所述，我国现有的律师庭外言论规则体系，已经将国际规则中国化，借鉴了各国“不得损害律师职业伦理”的基本原则+具体规则的做法，采取了原则性保护模式+明确列举允许的言论+明确列举禁止性言论的规则模式。为此，我们将中国的律师庭外言论基本规则即无害规则概括为“不得损害律师职业伦理”这一基本规则，并建立具有中国特色的五大具体规则：安全港规则、回应权规则、保密性规则、真实性规则和合法广告规则。

（五）符合规则体系化的基本原理和现实需要

确立以上庭外律师言论规则体系，符合规范体系化的基本原理。

在以上的辩护律师庭外言论规则体系中，对辩护律师的言论规则，有些是辩护律师言论规则中特有的，如安全港规则、回应权规则；有些是民事行政诉讼和非诉讼律师也需要遵守的，如真实性规则、保密性规则、合法广告规则，但是辩护律师办理的是刑事案件，是为犯罪嫌疑人和刑事被告人辩护的，特别容易违背上述规则；违背上述规则可能影响人民民主专政职能的实现。辩护律师发表上述言论具有与辩护业务的相关性，应当对其系统进行规制。国际规则和我国的《关于禁止违规炒作案件的规则（试行）》正是按照这样的逻辑构建辩护律师言论规则体系的，笔者也是遵循这样的逻辑来构建辩护律师庭外言论规则的。当然，还有一些是普通公民也应当遵循的言论规则，如不得发表危害国家安全的言论，对其与职业行为相关的危害国家安全的典型言论，如泄露国家秘密，已经归入保密性规则调整的范围；对于其他与律师职业没有紧密关系的危害国家安全言论，则没有归入律师庭外言论规则体系中。

确立以上的辩护律师庭外言论规则体系，具有规范的实践基础。任何规范，都是现实生活需要的产物，以 2018 年 1 月 31 日的《律师业务推广行为规则（试行）》为例，这一规范属于《广告法》的下位法，是遵循国家广告法规的前提下制定的行业职业伦理规范。但是，考虑到律师广告行为需要具体化和明细化，有必要制定这一规范作为律师广告行为管理的具体指引。本书确立的辩护律师庭外言论规则体系，全面概括了国际准则、域外规则、我国现有规范中的辩护律师庭外言论规则，既来源于实践，又试图为未来的中国辩护律师庭外言论规则的立法和司法实践提供理论参考，它并非一成不变。理论是灰色的，而实践之树常青，辩护律师庭外言论规则体系也将在发展中改革和完善，它是需要法学界和法律实务工作人员持续关注和研究的主题，而本书在理论上确立的辩护律师庭外言论规则体系，仅是一家之言，可能也会形成理论上的争议。

以上确立的辩护律师庭外言论规则体系，严格来说，只是基本体系。研究者并非规范的直接制定者，只是对基本的、重要的、具有争议和研究价值的重要内容进行研究，不可能如规范本身一样严密和完备。如辩护律师庭外言论规则中，当然应当包括禁止发表侮辱性言论、淫秽性言论等，这也是表达权研究通常所确定的基本范畴[1]，但考虑到这些言论与律师职业行为的联系不甚紧密，民事和刑事法律已经具备适用于任何人的完备规范，笔者并没有将其纳入辩护律师庭外言论规则体系中。

五、中国律师庭外言论无害规则的具体规则

五大规则共同构成了律师庭外言论规则的内容，这些规则一方面是对律师庭外言论的限制，另一方面也是对律师和当事人权益的一种保护。

（一）安全港规则

安全港规则起源于美国，迄今为止，美国也是唯一明确规定这一规则的国家。《美国律师协会职业行为示范规则》除在第3.4条中规定对涉及未成年人、家庭关系、精神上无行为能力等特殊的诉讼中应当适用特殊的保密规则外[2]，用第3.6条整个条文专门规范律师发表的庭外言论。如果说第3.6条第（a）款是有害性规则条款[3]，那么第3.6条第（b）款中规定的内容则是律师可以进行媒体宣传的，也是安全的，此条款被概括为安全港条款。该条款划定了一个相对确定的律师可以进行媒体宣传的安全范围，因此，被称为“安全港规则”或“避风港规则”。安全港规则的本质是一个特定情形下的豁免条款，其目的是

[1] 参见侯健：《表达自由的法理》，上海三联书店2008年版。该书就将广告言论、侮辱诽谤性言论、淫秽性言论纳入其研究范畴。

[2] 北京市律师协会组编：《境外律师行业规范汇编》，中国政法大学出版社2012年版，第223—224页。

[3]《美国律师协会职业行为示范规则》第3.6条第（a）款：“律师参与或者已经参与调查、诉讼的，不得作出其知道或者理应知道将通过公开传播，并极有可能对本案的审判程序造成重大损害的庭外言论。”

为相关法律主体或者某一个领域提供一种保护措施。它区别于适用范围更大的“例外条款”。

目前，明确关于律师庭外言论的安全港规则尚未在我国建立。但在实践中并没有要求律师在案件的辩护和代理中完全禁言，实际上容许律师发表关于案件的某些言论，规定安全港条款，可以让这些权利得到进一步确认，有利于保障律师的言论自由权，加强律师对司法的监督。

（二）回应权规则

律师庭外言论的回应权规则最早来源于《美国律师协会职业行为示范规则》。美国1991年“金泰尔诉州律师协会”案裁判认为：律师在新闻报道对其当事人有偏颇时，可对新闻媒体发表辩护言论。2004年版的《美国律师协会职业行为示范规则》规定了所谓回应权条款。2019年版的《职业行为示范规则》第3.6条第（c）款保留了这一规定：尽管有第（a）款的规定，律师仍可作出陈述，前提是律师合理地认为需要“保护委托人不受最近非由律师或其委托人发起的宣传所造成的重大不当损害”，但根据本款作出的声明应限于为减轻最近的不利宣传所必需的信息。[1] 如前所述，加拿大、澳大利亚都规定了明确的回应权规则。我国台湾地区的“律师伦理规范”涉及了回应权条款的内容，在第24条第3款中，要求律师在判决前不得发表损害司法公正的言论，除非是为了保护当事人免受不当偏见。[2] 这一规定以原则加例外的形式对律师不得发表不当的庭外言论以损害司法公正作出了说明。

我国目前尚未确立关于律师庭外言论的回应权规则，但在实践中，执法机关向媒体发布大量不利于犯罪嫌疑人、被告人的信息，这些信息可能存在不完全真实、不准确、不全面的情况，可能会先入为

---

1 American Bar Association: Model Rules Of Professional Conduct 3.6(c).

2 中国台湾地区《律师伦理规范（2009）》第24条第3款规定：“律师就受任之诉讼案件于判决确定前，不得就该案件公开或透过传播媒体发表足以损害司法公正之言论。但为保护当事人免于舆论媒体之报道或评论所致之不当偏见，得在必要范围内，发表平衡言论。”

主地对民众和法官造成有罪推定意识——比较典型的情况是控方向媒体公布起诉书。对此，辩方律师进行回应才能纠正错误、实现宣传上的平衡。我国有必要确立中国特色的律师回应权规则。

（三）保密性规则

律师庭外言论的保密性规则是指律师负有保守职业秘密的义务。联合国《关于律师作用的基本原则》第 22 条规定了律师及其委托人之间在专业关系上的保密事项。[1] 世界各国也在立法中对律师的保密义务作出了规定。

美国的成文法如《联邦证据规则》《美国律师协会职业行为示范规则》[2]，英国的《律师协会标准手册》[3] 和《犯罪收益法》[4]，法国的《国家内部规程》第 2 条第 1 款 [5]，德国的《联邦律师条例》第 43a 条 [6]，意大利的《律师和检察官法》和日本的《律师法》[7] 中都对律师保守职业秘密作出了规定。不过，国外律师的保密义务主要存在于律师与委托人之间，保密内容是律师在执业过程中知悉的秘密。

我国的多部法律也体现了保密性规则。我国现有的律师保密性义务规定的主体是律师，但对于律师的同事及亲朋好友通过律师了解案情并公开发表的情况，应归责于律师还是本人，《关于禁止违规炒作案件的规则（试行）》第 5 条对此有明确的规定：即“案件承办律师不得

---

1 See U. N. Doc. A/CONF. 144/28/Rev. 1 at 118 (1990).

2 美国律师协会：《美国律师协会职业行为示范规则》，王惠均译，中国社会科学院等编：《法学译丛》（第 18 期），中国社会科学出版社 1990 年版，第 163 页。

3 The Code of Conduct in The BSB Handbook (Fourth Edition) (2020), CD6.

4 The Code of Conduct in The BSB Handbook (Fourth Edition) (2020), GC43.

5 北京市律师协会组编：《境外律师行业规范汇编》，中国政法大学出版社 2012 年版，第 616 页。

6 北京市律师协会组编：《境外律师行业规范汇编》，中国政法大学出版社 2012 年版，第 544 页。

7 ［日］西田典之：《日本刑法各论》，刘明祥、王昭武译，法律出版社 2013 年版，第 105 页。

通过当事人、他人变相披露上述信息、材料。案件承办律师所在律师事务所以及其他知晓案情的律师参照执行。”当然，这一规定关于保密义务的时间和范围规定较为模糊，需要细化，为实践创造可操作性。

（四）真实性规则

律师庭外言论的真实性规则是指律师在法庭外发表的与案件有关的言论应当基于事实，真实可靠。律师可以不说真话，但是“不说假话”仍然是基本道德。必要时，律师还应勇敢站出来说真话。[1]律师发表不真实言论，可以归入“有害言论”的范围。

以美国为例，《美国律师协会职业行为标准规则》（2011 年版）第 4.1 条规定了律师对他人的陈述应当真实。[2]《英格兰及威尔士大律师行为守则》在第三章第 301 条规定，律师不得从事不诚实行为或者其他有损大律师信誉的行为、有损司法的行为以及可能贬损公众对法律职业或者司法的信任，或者其他使法律职业陷入污名的行为。[3]德国的《德国联邦律师条例》第 43a 条第（三）款[4]明确规定了禁止“传播不真实情况”的内容，法国《巴黎律师公会规程》第 10.2 条[5]和第 21.2.6.1 条[6]、日本的《日本律师职务基本准则》第 9 条[7]都确立了律师

---

[1] 高一飞：《美国的司法缄口令》，《福建论坛（人文社会科学版）》2010 年第 8 期，第 154 页。

[2] 北京市律师协会组编：《境外律师行业规范汇编》，中国政法大学出版社 2012 年版，第 230 页。

[3] 北京市律师协会组编：《境外律师行业规范汇编》，中国政法大学出版社 2012 年版，第 135 页。

[4] 北京市律师协会组编：《境外律师行业规范汇编》，中国政法大学出版社 2012 年版，第 544 页。

[5] 北京市律师协会组编：《境外律师行业规范汇编》，中国政法大学出版社 2012 年版，第 629 页。

[6] 北京市律师协会组编：《境外律师行业规范汇编》，中国政法大学出版社 2012 年版，第 651 页。

[7] 北京市律师协会组编：《境外律师行业规范汇编》，中国政法大学出版社 2012 年版，第 785 页。

广告中的真实性规则。

目前，我国也规定了律师庭外言论真实性规则。《律师和律师事务所违法行为处罚办法》第 14 条规定禁止律师发表歪曲、不实、有误导性、诋毁、制造舆论压力的言论。《关于禁止违规炒作案件的规则（试行）》第 4 条规定，律师及其所在律师事务所不得“通过媒体、自媒体等平台就案件进行歪曲、有误导性的宣传、评论，以转发、评论等方式炒作误导性、虚假性、推测性的信息”。再次重申了律师言论的真实性规则。

（五）合法广告规则

律师庭外言论的合法广告规则是指律师开展广告业务必须符合法律规定。律师广告的发展经历了没有规范、被限制再到逐渐开放的动态过程。[1]1977 年，美国联邦最高法院审理的“贝茨诉亚利桑那州律师协会”案[2]成为律师广告由禁止走向开放的转折点。

1955 年，日本律师联合会制定的《律师道德》第 8 条是最早能找到的有关日本明文禁止律师广告宣传的规定。[3]在美国“贝茨案”的影响下，日本禁止律师广告的态度发生转变，日本律师公会联合会拟订了《律师业务广告章程草案》，该章程最终在 1987 年 3 月颁布。[4]法国《巴黎律师公会规程》规定了诸多禁止事项，但第 10.3 条[5]指出，只要遵守本条文的相关规定，律师可以通过合法途径发布个人广告。

在我国，1995 年 2 月 20 日司法部发布的《关于反对律师行业不

1 王进喜：《美国律师职业行为规则：理论与实践》，中国人民公安大学出版社 2005 年版，第 168 页。

2 Bates v. State Bar of Arizona, 433 U. S. 350(1977).

3 ［日］河合弘之：《律师职业》，唐树华译，法律出版社 1987 年版，第 148—149 页。

4 叶青、顾跃进：《律师业务广告宣传宜限不宜禁》，《中国律师》2001 年第 11 期，第 74 页。

5 北京市律师协会组编：《境外律师行业规范汇编》，中国政法大学出版社 2012 年版，第 629 页。

正当竞争行为的若干规定》第4条否定了律师通过广告进行业务宣传的行为。2004年3月20日中华全国律师协会制定的《律师执业行为规范》以专章的形式对律师广告进行了规定，该规范经过2009年修改，其第15条至第23条用“业务推广原则”这一专章的形式规定了律师广告规则，确立了律师广告行为的五大禁止性规则：禁止夸大宣传规则、禁止关系宣传规则、禁止贬损同行规则、禁止承诺宣传规则以及禁止低价竞争规则。一大义务性规则：律师执业信息公开规则。上述规则，对促进律师服务广告的规范发展有重要意义。

本章小结

我国的律师言论规则应当确立中国式立法模式，对2018年版《律师执业行为规范（试行)》和2021年《关于禁止违规炒作案件的规则（试行)》进行修改，在《律师执业行为规范（试行)》第五章的基础上增添第四节“谨慎司法评论”，恢复2004年版《律师执业行为规范（试行)》中第162条以及第163条的内容，同时增添安全港规则、回应权规则：

【无害规则】律师享有宪法法律规定的言论自由，律师不得发表损害司法职业伦理的言论。

【安全港规则】律师可以就下列事项发表庭外言论：（1）诉讼各阶段的流程安排，但依法需要保密的除外；（2）在司法机关立案后，为查清案件寻求证据线索帮助；（3）对于冤假错案信息的披露；（4）揭露司法人员的腐败信息，包括诉讼参与人与司法人员之间的腐败；（5）司法机关侵犯犯罪嫌疑人、被告人权的信息。

【回应权规则】律师仍可以在控方违规发表庭外言论且对当事人权益造成严重损害的情况下进行回应，回应的方式包括：（1）审前公开罪轻或者无罪证据以回应控方审前违规披露证据；（2）诉讼期间公开辩护观点以回应控方不利宣传；

（3）在裁判后公开辩护词以回应起诉书公开。

第三款的回应以平息当事人当前受到的损害为限。

【保密性规则】律师应当保守在执业活动中知悉的国家秘密、商业秘密，不得泄露当事人的隐私。

律师不得披露在执业活动中所知悉的一切秘密信息。但有以下情形之一的除外：

（一）经委托人明确同意；

（二）委托人或者其他人准备或者正在实施危害国家安全、公共安全以及严重危害他人人身安全、可能被判处十年以上有期徒刑的重大财产犯罪或渎职犯罪的事实和信息；

（三）在律师与委托人的争议中，律师为了自身利益起诉或者辩护的，或者为了在因与委托人有关的行为而对律师提起的刑事指控或者民事指控中进行辩护的；

（四）为遵守其他法律或者法院命令的。

【真实性规则】律师公开发表言论应当客观、真实，不得发表不实、有误导性的言论。

【律师服务广告规则】律师服务广告宣传应当真实、合法、适当；禁止夸大宣传、关系宣传，禁止贬损同行、非法承诺和不正当低价竞争；律师应当依法公开执业信息。

以上规则，宣言式规定了保护律师庭外言论的无害权利；明确了律师言论的允许性规则；明确了律师言论的禁止性规则；确立了律师服务宣传规则。

第二章　律师庭外言论的安全港规则

言论自由作为一种基本人权，是指一个国家的公民，通过各种语言形式，针对政治和社会中的各种问题表达思想和见解的自由。《中华人民共和国宪法》第 35 条规定："中华人民共和国公民有言论、出版、集会、结社、游行、示威的自由。"宪法由此确认了公民享有言论自由，但是这种自由是一种相对的自由，公民在行使言论自由时要遵守宪法法律的其他规定。

律师在法庭之外行使非业务行为时，享有一般公民关于言论自由的权利。联合国《关于律师作用的基本原则》第 23 条[1]也规定了律师的言论自由。律师享有日常生活中的一般言论自由，同时也享有对专业问题发表言论的自由。

一、安全港规则的产生与内容

安全港规则作为一个特定情形下的豁免条款，其目的是为相关法律主体或者某一个领域提供一种保护措施，应用较为广泛。

在证券法中，安全港规则通过对主体的法律责任和法律义务的豁免来实现保护作用，并且这种豁免方式是多样化的。[2]在知识产权法

[1]《关于律师作用的基本原则》第 23 条规定："与其他公民一样，律师也享有言论、信仰、结社和集会的自由。特别是，他们有权参加有关法律、司法以及促进和保护人权等问题的公开讨论并有权加入或筹组地方的、全国的或国际性的组织和出席这些组织的会议，而不致由于他们的合法行为或成为某一合法组织的成员而受到专业的限制。"

[2] 魏俊：《证券法上的安全港及其制度价值——以前瞻性信息披露为例》，《证券法苑》2014 年第 3 期，第 135 页。

中，这一规则叫作避风港原则，它是指当发生著作权侵权案件时，如果网络服务提供者只提供空间服务，并没有参与制作网页内容，在网络服务提供者被告知侵权时其负有删除的义务，否则就被视为侵权。如果网络服务提供者的服务器上既没有存储相应的侵权内容，又没有被告知哪些内容应该删除，网络服务提供者不承担侵权责任。[1]不论是安全港规则还是避风港原则，其目的都是对法律主体的保护，建立律师庭外言论的安全港规则也正是为了实现对律师言论自由的保护。

安全港规则的存在虽然为法律主体规避了一些不必要的风险，但是要区别于例外条款，因为例外条款不仅可以免除责任或者义务，甚至还可以排除权利，所以其涵盖范围远大于安全港规则的豁免条款。辩护律师庭外言论的回应权规则正是突破安全港规则内容的例外条款。

（一）安全港规则的产生

在现代律师职业产生后，人们普遍认为律师和检察官不但通晓法律知识，还特别熟悉案情，他们一旦将某些言论在媒体上发表，便可以将法庭内的斗争转移到庭外，因此，这类人在媒体上发表的庭外言论可能会对公正审判造成重大影响。[2]为了保证公正司法不受此类言论的“污染”，一些国家开始对律师和检察官就案件发表庭外言论进行法律限制，其中表现较为突出的是美国。

1887 年，美国亚拉巴马州颁布了针对舆论裁判的规定，要求律师必须尽量避免和新闻媒体讨论法律案件，以免影响公正的裁判。[3]虽然这一规定只具有道德规劝的性质，并没有设置相应的惩罚措施，对

[1] 张丽波、马海群、周丽霞：《避风港原则适用性研究及立法建议——由百度文库侵权案件说起》，《图书情报知识》2013 年第 1 期，第 123 页。

[2] 祁建建、白小艳：《论媒体报道对刑事审判的影响机制及其规制》，《河北法学》2014 年第 12 期，第 138—139 页。

[3] 张吉喜：《论美国刑事诉讼中表达自由权与公正审判权的平衡》，《中国刑事法杂志》2009 年第 1 期，第 123 页。

于当时社会发生的舆论审判行为没有约束力，但是该规定具有的超前性，让律师协会逐渐意识到律师群体的庭外言论的确存在影响裁判结果的可能性。

1969 年，美国律师协会通过了《职业责任标准典范》，该典范认为：如若律师提供给媒体报道司法案件的言论中存在“有合理理由被认为可能造成妨害一个公平诉讼”的内容，也即存在会使一个理智的民众产生误解的庭外言论，都要被禁止。[1]而“有合理理由被认为可能造成妨害一个公平诉讼”的表述显然不太严谨，使得法院在实践中拥有较大的自由裁量空间，有时只要法官认为存在他们想象的危险，就可以借此对律师的庭外言论进行限制。

随着准则扩及各州，许多州的律师提起诉讼，主张律协以合理推断可能性来限制律师的庭外言论侵犯了律师的言论自由权，认为该规则违反了宪法有关言论自由的规定。无一例外，此类诉讼都遭到了联邦最高法院的驳回。1980 年年初，美国律师协会进行了自我检讨，认为各州律师的提议不无道理，粗暴禁止律师庭外言论的规则确有重新改革的必要。[2]尤其对于刑事案件来说，媒体以及公众往往会比较关注，与其要律师三缄其口，不如让他们说几句话更能满足媒体大众的期待。因此，新规则规定律师在庭外可以就受委托案件的性质以及有关事实等特定内容告诉新闻媒体，律师发表法律允许范围内的言论是安全的，不会受到纪律惩处，这便是美国律师庭外言论的安全港规则。

（二）我国应当确立安全港规则

与美国早在 20 世纪 80 年代就已确立安全港规则不同，我国至今没有形成一套完整的安全港规则体系。我国现有的律师与媒体宣传的立法文件和司法解释对律师的庭外言论没有专门详细的规定，最早有

---

[1] 张吉喜：《论美国刑事诉讼中表达自由权与公正审判权的平衡》，《中国刑事法杂志》2009 年第 1 期，第 123 页。

[2] 张吉喜：《论美国刑事诉讼中表达自由权与公正审判权的平衡》，《中国刑事法杂志》2009 年第 1 期，第 124 页。

关律师媒体宣传的规范属于律师职业伦理规则，主要是中华全国律师协会于2004年3月20日颁布的《律师执业行为规范（试行）》。该规范在第十章第四节的第162条[1]以及第163条[2]规定了谨慎司法评论的内容。这是我国迄今为止对于律师媒体宣传的直接规定，但是该规定面临着效力上、形式上的不足和配套措施的缺乏等问题，实际执行效果也不尽如人意。同时，禁止“轻率言论”和“任何可能被合理地认为损害司法公正的言论”的说法本身就很随意，因为这属于无法把握的非规范性用语。而损害司法公正的言论到底是什么，实践中还存在争议，《律师执业行为规范（试行）》也没有作进一步说明，更没有效仿美国对不会损害司法公正的言论即安全港的范围进行划定。且早在2011年，该规范就已经失效，2018年颁布的《律师执业行为规范（试行）》中并没有对此作出规定。为此，我国必须进行一些制度上的设计，确立律师庭外言论的安全港规则，理由如下：

1. 有利于保障人民行使司法知情权和监督权

确保司法机关依法独立公正行使职权，需要强化对司法权的监督制约。知情是监督的前提条件，只有保障广大人民群众对司法工作的知情权，才能充分发挥人民群众的监督作用，防止司法擅断，有效维护当事人的合法权益。律师在法庭之外发表与案件信息有关的言论是人民群众从不同维度了解司法的一个重要渠道，完善的安全港规则体系的构建正是保障这一渠道得以畅通的有效办法。

2. 有利于保护律师执业权利

在健全的安全港规则的指导下，律师可以清楚地知道其在庭外谈

[1]《律师执业行为规范（试行）》（2004）第162条规定：“律师不得在公共场合或向传媒散布、提供与司法人员及仲裁人员的任职资格和品行有关的轻率言论。”

[2]《律师执业行为规范（试行）》（2004）第163条规定：“诉讼或仲裁案件终审前，承办律师不得通过传媒或在公开场合发布任何可能被合理地认为损害司法公正的言论。”

及哪些言论不会受到法律的惩处，有利于律师正确把握庭外言论的界限。而对于不属于安全港规则范围内的言论，律师则会保持小心谨慎的态度，以免祸从口出。2020 年 7 月 16 日，吉林省四平市司法局对该市执业律师郑小卉作出一份行政处罚事先告知书。调查显示，郑小卉在执业过程中存在通过新浪微博发表文章，制造舆论压力，攻击、诋毁司法机关的行为，司法局拟对郑小卉律师作出停止执业九个月的行政处罚。[1] 经查阅郑小卉律师的微博，置顶显示的是其为兄长郑小东涉嫌贪污、受贿罪一案的喊冤内容，而司法局调查认定该内容属于不当言论。实践中律师因发表不当言论被处罚的情况层出不穷，但因为标准不一，类似言论在不同案件中的处理结果也存在巨大差别。因此，构建清晰的安全港规则，明确律师庭外言论的安全范围迫在眉睫。

（三）安全港规则的内容

安全港规则起源于美国，美国律师庭外言论的安全港内容是各国确立安全港具体内容的蓝本。在经过 1991 年“詹泰尔”案和 1996 年“戴维斯诉东伯顿鲁格校区学校委员会”案[2]后，美国律师庭外言论的安全港规则内容进一步明确。对于律师庭外言论问题，《美国律师协会职业行为示范规则》除在第 3.4 条中规定对涉及未成年人、家庭关系、精神上无行为能力等特殊的诉讼中应当适用特殊的保密规则外[3]，还用第 3.6 条整个条文专门规范律师发表的庭外言论。如果说第 3.6

---

[1]《四平市郑小卉律师因发表不当言论拟被停执九个月》，https://mp.weixin.qq.com/s/MGhE9LT8UKgGXNA7a1qpuw，访问日期：2021 年 7 月 16 日。

[2]［美］唐纳德·M. 吉尔摩、杰罗姆·A. 巴龙、托德·F. 西蒙：《美国大众传播法：判例评析》，梁宁等译，清华大学出版社 2002 年版，第 373 页。

[3] 北京市律师协会组编：《境外律师行业规范汇编》，中国政法大学出版社 2012 年版，第 223—224 页。

条第（a）款是有害性规则条款[1]，那么《美国律师协会职业行为示范规则》第 3.6 条第（b）款中规定的内容则是律师可以进行媒体宣传的、是安全的，此条款被称为安全港条款。[2] 按照美国律师协会官方网站 2019 年最新版《美国律师协会职业行为示范规则》的规定，尽管存在第（a）款的规定，律师仍旧可以在庭外发表下列内容[3]：（1）所涉及的索赔、犯罪或者辩护，以及除法律禁止外，所涉及人员的身份。（2）公开记录中包含的信息。（3）正在对某一事项进行调查的信息。（4）诉讼中任何步骤的时间安排或结果。（5）请求协助取得必要的证据和资料。（6）当有理由相信有可能对个人或公共利益造成实质性损害时，对有关当事人行为的危险警告。（7）刑事案件，除第一款至第六款外还可以公开下列信息：（i）被告人的身份、住所、职业和家庭状况；（ii）如被告人尚未被逮捕，则须提供协助逮捕该人所需的资料；（iii）逮捕的事实、时间、地点；（iv）调查逮捕人员或者机构的身份和调查时间。

由于在法律条文中将律师的哪些庭外言论会损害审判程序具体化难度太大，立法者难以完成，所以从反面规定哪些言论不会损害审判程序，是一种明智的选择。借鉴美国的经验，结合我国司法信息公开和律师执业权利的规定，我国的安全港规则中可以安全发表的言论范围至少应当包括以下内容：律师公开诉讼流程信息、律师公开寻求证据线索帮助、律师公开错案申诉信息、律师公开司法腐败信息、律师公开侵犯司法人权信息。下面笔者将分别论证确立这些内容“可以说”的理由。

---

[1]《美国律师协会职业行为示范规则》第 3.6 条第（a）款规定：“律师参与或者已经参与调查、诉讼的，不得作出其知道或者理应知道将通过公开传播，并极有可能对本案的审判程序造成重大损害的庭外言论。”

[2] 高一飞：《美国的司法缄口令》，《福建论坛（人文社会科学版）》2010 年第 8 期，第 153 页。

[3] American Bar Association, Model Rules Of Professional Conduct 3.6 (a).

二、律师公开诉讼流程信息

在2014年1月7日召开的中央政法工作会议上，习近平总书记发表重要讲话："要坚持以公开促公正、以透明保廉洁。要增强主动公开、主动接受监督的意识，完善机制、创新方式、畅通渠道，依法及时公开执法司法依据、程序、流程、结果和裁判文书。"[1]诉讼流程包括了公安机关、检察机关、人民法院、刑罚执行机关的诉讼办案流程，公开诉讼流程是构建阳光司法机制的基本要求。在此，笔者仅仅以人民法院诉讼流程公开为例加以说明。

我国《宪法》第130条规定："人民法院审理案件，除法律特别规定外，一律公开进行……"只有公开诉讼流程信息，受到人民监督的人民法院才有资格充当定分止争的独立裁判者[2]，才能提高司法裁判的信服度和公信力。

人民法院诉讼流程公开在实践中早已有之。2018年9月1日起实施的《最高人民法院关于人民法院通过互联网公开审判流程信息的规定》是全面规范人民法院诉讼流程公开的最新文件。根据该规定，法院在审判工作过程中所产生的程序性信息、处理诉讼案件的流程信息、诉讼文书以及笔录等审判流程信息，除涉及国家秘密或者法律、司法解释要求保密以及属于法院限制公开的审判流程信息以外，均应当通过互联网及时向社会公众公开，以此保障人民群众对审判活动的知情权、监督权。《最高人民法院关于人民法院通过互联网公开审判流程信息的规定》明确下列程序性信息应当通过互联网公开[3]：（1）有

[1] 中共中央文献研究室编：《十八大以来重要文献选编》（上），中央文献出版社2014年版，第720页。

[2] 高一飞、吴鹏：《检务公开中的不公开例外》，《广西社会科学》2014年第9期，第96页。

[3]《最高法：审判流程信息9月1日起全面对当事人公开》（2018年3月16日上载），https://baijiahao.baidu.com/s?id=1595063743694128271&wfr=spider&for=pc，访问日期：2021年5月18日。

关收案、立案以及结案的信息；（2）有关检察机关、刑罚执行机关以及当事人的信息；（3）有关审判组织的信息；（4）有关审判程序、审理期限以及送达、上诉、抗诉、移送的信息；（5）有关庭审、质证、证据交换、询问、宣判等诉讼活动的信息；（6）中国裁判文书网上裁判文书的公开情况；（7）按照法律、司法解释的规定应当公开的程序性信息，或者人民法院认为可以公开的其他信息。

《最高人民法院关于人民法院通过互联网公开审判流程信息的规定》要求，对于具有重大社会影响力案件的审判流程信息应当向公众公开，因为这些信息属于已经公开的信息，律师向公众公开此类信息当然也是合法的。与此同时，律师作为案件的参与者，知晓有关案件的具体诉讼情况，让律师参与公开，可以有效拓展公众获取案件信息的渠道。[1]律师的言论还可以和司法机关公布的信息进行验证，有利于提高司法机关流程信息公开的准确性。

三、律师公开寻求证据线索帮助

律师的调查取证权，是指律师在执行辩护业务活动过程中享有的调查、了解有关案件情况和收集有关证据的权利。[2]在刑事案件的诉讼过程中，辩护律师会经常进行核实证据的活动，以便于更好地为犯罪嫌疑人、被告人提供有效辩护，维护其合法权益。[3]根据《律师法》第35条的规定，这种调查核实证据的活动可分为两大类：一是搜集、调取与案件事实有关的证据，二是向有关单位或个人了解案件事实情况。[4]与会见、阅卷一样，调查核实证据是辩护律师开庭前防御准备工作的重要组成部分。

---

[1] 高一飞、吴鹏：《检务公开中的最大限度公开原则》，《岭南学刊》2015年第1期，第35—36页。

[2] 左卫民：《中国司法制度》，中国政法大学出版社2012年版，第194页。

[3] 高一飞、王金建：《侦查阶段律师调查取证权的实现困局与完善路径》，《南通大学学报（社会科学版）》2017年第2期，第51页。

[4] 陈瑞华：《辩护律师调查取证的三种模式》，《法商研究》2014年第1期，第73页。

我国刑事诉讼法确立了两种形式的律师调查取证权：一是律师自行调查、搜集证据的权利；二是律师申请法院、检察院调查证据的权利。[1]自行调查和申请调查作为实现律师调查权的两种基本模式，具有相互补充、不可替代的作用。但司法实践表明，这两种调查模式在实际运用过程中仍存在着一些问题。[2]比如，律师自行调查可能会遭遇到一些单位或者个人的拒绝，一旦操作不当，甚至还会带来职业风险。[3]对于申请调查，在实践中要想说服法院或者检察院直接调取证据是很有难度的。[4]而如果相关案件的知情人愿意站出来提供证据线索帮助，就能大大地提高办案效率，也能避免律师调查取证的困难。

律师庭外寻求证据线索帮助应当以司法机关已经立案为前提，否则可能涉及代行国家侦查权或者调查权。2021 年 3 月，河南博风律师事务所（下文简称博风律所）在其事务所网站上发布公告称：博风律所坚决支持并配合党中央开展全国政法队伍教育整顿活动，目前已经搜集到两位法官枉法裁判、索贿受贿的部分证据。[5]此外，该公告将两位法官实名列出，公告全文中，同时附有律所电话，声称这是以便掌握两位法官犯罪证据的人与律所联系。按照我国《刑事诉讼法》第 12 条的规定，定罪的前提是案件经过法院审理，做出有罪判决。该公告显然违背了法律规定，涉嫌有罪推定，如若最后查实被征集者无罪，还侵犯了其名誉权。2021 年全国“两会”期间，中华全国律师协会副会长、全国政协委员朱征夫在《关于公开征集嫌疑人犯罪线索不妥的提案》中提到：公开征集犯罪线索涉嫌有罪推定，存在严重的法律弊

---

1 李舸禛：《四类人员出庭问题研究》，《人民检察》2017 年第 8 期，第 38 页。

2 袁枫、王秋杰：《律师调查取证权的实施难题及出路》，《山西省政法管理干部学院学报》2021 年第 1 期，第 1 页。

3 陈瑞华：《刑事辩护的几个理论问题》，《当代法学》2012 年第 1 期，第 6 页。

4 朱玉玲、王悠然：《刑事法律援助中的辩护质量探析》，《政法学刊》2018 年第 5 期，第 62 页。

5《律所公开征集法官违法证据？多名律师：涉嫌名誉侵权，欠妥》，https://www.163.com/dy/article/G5I2UECS0514R9KQ.html，访问日期：2021 年 3 月 26 日。

端。[1]因此，这类做法并不可取，对于违法犯罪的举报，应该遵循正当的举报途径。

在博风律所事件中，诸多律师认为该所做法欠妥是由于公告直接声称寻求两位法官贪赃枉法的违法犯罪线索，在司法机关立案之前就将法官确定为犯罪人，涉嫌有罪推定，同时公布法官的详细信息，造成名誉侵权。这与律师为推动案件审结，向公众寻求证据线索帮助存在很大的区别。律师寻求证据线索帮助的前提应当是司法机关已经立案的情况下，寻求对被告人有利的证据，呼吁公众将知晓的与案件有关的线索证据告知给办案律师。这种公开寻求帮助的做法不会涉及侵权，同时也没有涉嫌有罪推定。

四、律师公开错案申诉信息

习近平总书记曾引用培根的名言对公正审判进行描述："一次不公正的审判，其恶果甚至超过十次犯罪。因为犯罪虽是无视法律——好比污染了水流，而不公正的审判则毁坏了法律——好比污染了水源。"[2]冤假错案正是司法不公的直接体现，必须加以防治。

律师在防范和纠正冤假错案方面是一支非常重要的、不可替代的力量。律师与检察官、法官同属于法律职业共同体，都应当维护司法公正，防止冤假错案。与法官、检察官不同的是，辩护律师作为犯罪嫌疑人、被告人合法权益的天然捍卫者，其对案件的理解有着独特视角和专业眼光。律师围绕案件事实和证据问题所提出的辩护意见，对于司法机关认定案件事实，审查和判断证据具有不可替代的价值。在误判、错判案件的反思中，有人质问："如果法院在原审中能够采纳

1 陈丽媛：《政协委员朱征夫：建议停止公开征集嫌疑人犯罪线索》，https://baijiahao.baidu.com/s?id=1693182731174233067&wfr=spider&for=pc，访问日期：2021年3月26日。

2 中共中央文献研究室编：《十八大以来重要文献选编》（上），中央文献出版社2014年版，第718页。

律师提出的辩护意见，这些冤假错案还会发生吗？”[1]在法院不采纳律师正确的辩护意见，正在制造冤案的情况下，律师向社会发声，实则是一种不得已的选择。

2015年5月，习近平总书记主持召开中央全面深化改革领导小组第十二次会议，会议强调：“要注重发挥法律援助在人权司法保障中的作用，加强刑事法律援助工作，保障当事人合法权益。”[2]在今后防范冤假错案的工作中，要切实保障律师辩护权得以有效行使，注重发挥律师在当事人权益保护方面的重要作用。为使律师辩护功能在刑事诉讼中得到充分发挥，2015年最高人民法院、最高人民检察院、公安部、国家安全部、司法部联合出台了《关于依法保障律师执业权利的规定》，2017年最高人民法院、司法部联合发布了《关于开展刑事案件律师辩护全覆盖试点工作的办法》，全面保障当事人的律师辩护权。为律师积极披露冤假错案提供了制度保障。

刑事错案在国外也时有发生，但随着人权运动的开展，各个国家都出现了相应的帮助无辜者洗脱罪名的民间组织机构。1992年，美国律师彼得·纽费尔和巴里·谢克在纽约本杰明·卡多佐法学院成立了“无辜计划”（The Innocence Project）项目，并被复制到了全美乃至世界各地。截至2018年，相关数据显示，全美各州的无辜计划已通过DNA技术，将316名被错判的蒙冤者从狱中拯救出来。[3]近几年我国也出现了诸多类似的社会组织。2014年5月23日，蒙冤者援助计划在北京正式启动，这是自2013年年底以来，中国出现的第4个民间洗冤项目。[4]对推动冤假错案的披露起到了积极作用。

---

1 顾永忠：《律师辩护是防范、纠正冤假错案的重要保障——以缪新华一家五口错案的发生与纠正为切入点》，《中国律师》2017年第11期，第62页。

2 新华社：《习近平：把握改革大局自觉服从服务改革大局　共同把全面深化改革这篇大文章做好》，《人民日报》2015年5月6日，第1版。

3 鞠尧尧：《浅论克减冤假错案的有效机制》，《荆楚学术》2018年6月总第20期，第14页。

4 刘长：《中国版洗冤工程启动》，《南方周末》2014年6月12日，第2版。

2021年《关于禁止违规炒作案件的规则（试行）》第7条规定："案件审理终结后，律师、律师事务所如认为生效判决确有错误，应当引导当事人依法通过法定程序解决。不得通过违规炒作案件，为后续可能产生的再审、抗诉、申诉等法律程序制造舆论压力。"这一规定的出发点是好的，但同时也应当看到，有确有错误的案件经过多次申诉无法平反。以呼格吉勒图案为例，新华社内蒙古分社高级记者汤计曾撰文5篇内参进行报道才最终引起最高人民检察院的注意，推动案件的平反。[1]没有媒体的反复报道，就不可能有"呼格案"的平反。冤假错案的纠正根本上取决于当事人及其近亲属的不懈坚持和努力，但他们毕竟不是专业的法律人，缺乏相应的法律知识，且影响力较小，甚至在寄送上百次申诉材料后，相关司法人员也没有见到其案件信息。发起无辜者计划的徐昕教授说，他和他的志愿者团队做的最重要的事情是呈现，即告诉有关部门，这是一个冤案，呼吁尽快启动再审。可见，律师介入的意义在于弥补当事人方社会地位的不足，从而尽可能将其与司法机关之间的距离缩至最小，均衡诉讼构造，形成控辩平等对抗的态势。[2]必须承认，律师发表关于冤案的言论，公开冤案申诉信息，是"呈现"冤案情况、最终促成冤案平反的有效手段。

五、律师公开司法腐败信息

如何实现对司法权的制约是现代社会必须积极解决和不断探索的问题。没有对司法权的有效制约机制的建立，司法权将会成为一种失去控制的权力。在我国现阶段，司法腐败、司法不公是一个不能不正视的现实问题，治理司法腐败，彰显司法公正是政府和民间共同的使命和担当。

律师在司法监督方面发挥着不可替代的作用。律师对司法腐败信

1 怀若谷：《新华社记者5篇内参助呼格吉勒图翻案》，《京华时报》2014年12月16日，第2版。

2 殷闻：《刑事再审启动程序的理论反思——以冤假错案的司法治理为中心》，《政法论坛》2020年第2期，第131页。

息的公开有着相应的法律依据，它来自宪法关于国家一切权力属于人民、任何公民对任何国家机关以及任何国家工作人员都具有提出批评和建议的权利的规定。在法律共同体中，律师并不隶属于国家机关，也并非司法机关的一员，因此我们可以把律师对司法权的制约监督归入外部监督的范畴。实践中，律师和司法机关的联系非常紧密，只要律师参与诉讼，不可避免地就要与公检法部门打交道，律师更有机会接触司法腐败，了解司法腐败，也最容易发现司法腐败的线索和证据。

由于腐败分子会不择手段地打击报复举报人，导致知晓内情的律师往往因害怕被刁难而不敢发声。对此，许多国家采取措施，通过立法或其他手段来保护举报人。其中最为著名的是美国 1989 年颁布的《举报人保护法》[1]，该法的主要宗旨就是保护举报人的权利。[2]其他国家如新加坡、澳大利亚也通过立法或判例法等不同方式保护举报人的权益。[3]而在我国，要真正实现律师公开司法腐败信息，也得加强在此方面的规定，对律师公开司法腐败信息的行为进行有力的保护。

当然，律师公开司法腐败信息必须真实合法。2021 年《关于禁止违规炒作案件的规则（试行）》第 4 条规定，律师不得“侮辱、诽谤办案人员、对方当事人及其他诉讼参与人，或者通过披露有损办案人员、当事人及其他利害关系人隐私等不正当方式，歪曲、丑化办案人员、当事人及其他诉讼参与人形象……”我们应当禁止以揭露司法腐败之名违背事实的炒作，但这与正当的公开司法腐败信息行为是两回事，相反，包括律师在内的任何公民都有同与司法腐败相关的违纪违法行为和职务犯罪行为做斗争的权利。

---

1 宁立成：《我国检举人权利保障制度的完善——美国“吹口哨人保护法”及其启示》，《江西社会科学》2008 年第 10 期，第 170 页。

2 江涛、李清：《简评美国保护举报人的法律制度》，《中国检察官》2011 年第 4 期，第 76 页。

3 最高人民法院检察院贪污贿赂监察厅编译：《世界各国反贪污贿赂的理论与实践》，法律出版社 1995 年版，第 236—237 页。

本章小结

律师庭外言论安全港规则的构建不仅有助于律师有效行使监督权，还为律师发表庭外言论指明了方向，目前我国法律尚未对此作出明确规定，因而导致实践中律师发表庭外言论常感到如履薄冰，不利于实现对律师执业权利的保护。美国有关安全港规则的理论较为成熟，我国应当对此进行借鉴，再结合我国具体国情，对律师在法庭之外“可以说”的内容进行列举。笔者建议，对 2018 年版《律师执业行为规范（试行）》进行修改，在现有第五章的基础上增添“第四节 谨慎司法评论”，恢复 2004 年版《律师执业行为规范（试行）》中第 162 条以及第 163 条的内容，同时增添安全港规则，修改后如下：

> 【安全港规则】律师可以就下列事项发表庭外言论：（1）诉讼各阶段的流程安排，但依法需要保密的除外；（2）在司法机关立案后，为查清案件寻求证据线索帮助；（3）对于冤假错案信息的披露；（4）揭露司法人员的腐败信息，包括诉讼参与人与司法人员之间的腐败。

笔者只对上述四种律师可以在庭外谈及的言论进行了论证，其余言论是否可纳入安全港的范围还有待论证。

第三章　律师庭外言论的回应权规则

在实践中，为了追诉犯罪、维护社会治安以及满足人民群众知情权的需要，司法机关会与媒体进行良性互动，适当披露一些案件信息。当公安机关和检察机关向媒体披露不利于犯罪嫌疑人、被告人的信息时，辩方律师进行回应、申辩和说明，才能纠正错误、保护委托人的权益，从而实现宣传上的平衡。律师这种宣传上的平衡言论权被称为律师庭外言论的回应权。2010 年，高一飞教授首次提出律师媒体宣传的回应权规则，并进行过简要的介绍。[1]但至今没有论文专门研究律师庭外言论的回应权规则，本章将全面研究律师庭外言论回应权规则的来源、依据，并试图探讨律师回应权的前提、限度和范围。

一、律师回应权的产生与发展

（一）起源于美国

律师庭外言论的回应权规则最早来源于美国律师协会制定的《职业行为示范规则》。美国 1991 年“金泰尔诉州律师协会”案[2]裁判认为：辩护律师金泰尔因召开新闻会议而受制裁，但是检察官却不会因召开自己的新闻会议而被指责，这违背了控辩平等对抗的原则，造成了控辩双方实际上的地位不平等。因此，律师在新闻报道有偏颇时，可对新闻媒体发表回应性言论。

---

[1] 高一飞、潘基俊：《论律师媒体宣传的规则》，《政法学刊》2010 年第 2 期，第 6—7 页。

[2] Gentile, 501 U.S. at 1051.

为了解决上述问题，美国2004年版的《职业行为示范规则》规定了所谓回应权条款，也称“回应条款”或者“回答条款”。[1] 2019年版的《职业行为示范规则》第3.6条（c）款仍然保留了这一条款。[2]关于律师回应权规则，尽管美国《职业行为示范规则》第3.6条规则表明只有在反驳特定场合下的公开报道的情形下才适用回应权，并且适用的限度有严格的规定，但该条款的审查标准依然是有弹性的。这样，律师有权作出回应的范围就能随着非律师原因方带有偏见的公开报道的程度加深而扩展。

（二）域外规则及欧洲人权规则也有规定

澳大利亚和我国台湾地区都直接、明确规定了律师的回应权。

澳大利亚对律师庭外言论予以原则性禁止，同时规定律师的“回应权”。根据澳大利亚的《法律职业统一行为规则（大律师）》第76条规定：“辩护律师不得公布或者采取任何措施公布诉讼的有关信息，具体包括三类：一是明知是不准确的信息；二是机密信息；三是‘看似或者确实’表达了律师对当前或者潜在诉讼程序是非曲直的观点，或者对前述程序中出现的任何问题的意见，但是学术、教育类的观点和意见不在此列。”[3] 第77条是关于律师在其正在或将要参加的诉讼中可就哪些问题发表庭外言论的回应权条款，它规定：在不违反判例法

[1]《职业行为示范规则》第3.6条（a）款规定：“正在参与或曾经参加关于某项事务的调查或诉讼的律师，如果知道或合理地知道其所作的程序外言论会被公共传播媒体传播，并对裁判程序有产生严重损害的重大可能，则不得发表这种程序外言论。”但是第3.6条（c）款又提出：“尽管有条款（a），律师可以提出一个明智的律师将会相信的使客户从非律师或客户发动的最新宣传产生的相对过度的不利影响中得到保护的声明。依照这一条例所提出的声明只限于必要的平息最新不利宣传的信息。”

[2] American Bar Association: Model Rules Of Professional Conduct 3.6(c).

[3] Legal Profession Uniform Conduct (Barristers) Rules 2015, rule 76.

的情况下，律师还可就相关问题进行回应。[1]这与美国律师庭外言论的回应权规则类似。

我国台湾地区的“律师伦理规范”第 24 条第 3 款规定：律师在判决前不得发表损害司法公正的言论，除非是为了保护当事人免受不当偏见。[2]这一规定以原则加例外的形式禁止律师发表损害司法公正的不当庭外言论，但又规定律师可以为了纠正不当偏见而发表回应性言论。

另外，欧洲人权规则虽然没有直接规定回应权，但是以确认“舆论辩护”权的形式实质上规定了回应权。《欧洲法律职业核心原则宪章和欧洲律师行为准则》第 2.6.1 条规定：“律师有权将其所提供的服务信息告知公众，前提是该信息准确、无误导性，并符合保密义务和其他职业核心价值的要求。”在 2015 年莫里斯诉法国（Morice v. France）[3]一案中，欧洲人权法院的判决系统地阐述了其对律师言论自由的立场，欧洲人权法院在判例法中明确了两种情形下的律师言论自由：一是律师可以在法庭之外通过接受新闻报道或出席电视新闻节目的方式为当事人辩护；二是律师有权对司法运作提出批评。所谓舆论辩护是指针对控方的指控，律师通过发表言论进行辩护。因为有辩护就一定有针对性的指控，这实际上就是没有明确使用“回应权”这个名词的回应权。

我国目前尚未确立关于律师庭外言论的回应权规则，但在实践中，警察机关和检察机关可能向媒体发布不利于被追诉人的信息。民众和法官因接触过这些信息，可能形成有罪推定的印象，特别是控方向媒体公布起诉书，民众可能产生不利于被告人的印象。对此，辩方

---

1 Legal Profession Uniform Conduct (Barristers) Rules 2015, rule 77.

2 中国台湾地区“律师伦理规范（2009）”第 24 条第 3 款规定：“律师就受任之诉讼案件于判决确定前，不得就该案件公开或透过传播媒体发表足以损害司法公正之言论。但为保护当事人免于舆论媒体之报道或评论所致之不当偏见，得在必要范围内，发表平衡言论。”

3 Morice v. France, (Application No. 29369/10), Judgment of 23 April 2015.

律师进行回应、申辩和说明，才能纠正错误信息、平衡片面信息。[1] 在律师言论规则中增加回应权规则很有必要，律师回应权具有深厚的理论基础。

二、律师回应权的权利来源

律师庭外言论的回应权有着坚实的理论基础，我们可以从控辩平等原则、新闻媒体的平衡报道原则、被报道人的媒体回应权三个方面论证律师回应权的理论基础。

（一）控辩平等原则

控辩平等原则起源于英美法系，是一般意义上的平等价值在刑事诉讼活动中的反映。与一般平等理念不一样的是，控辩平等原则不是简单地要求你有此权，我有彼权，让辩方在形式上平等。[2] 而是考虑到控方是以警察、监狱等强大的国家机器为后盾的国家权力机关、辩方是被追诉人，他们存在天然的地位不平等，因此要求在权利义务的配置上适当向辩护权倾斜，赋予辩方一定的权利，以纠正控辩双方先天力量的失衡。[3] 作为一种重要的司法理念和诉讼原则，控辩平等原则是平等权在刑事诉讼活动中的应有之义，是司法人权的保障性规则。

控辩平等原则促进人权保障的实现。刑事诉讼的目的包括惩罚犯罪和保障人权，两者不可偏废。国家本位主义的思想反映到司法实践过程中的突出表现就是过分强调惩罚犯罪，从而可能忽略对人权的保障。[4] 控辩平等原则的存在则为被追诉人的人权保障提供了可能性。同时，赋予公民权利，强调对其人权的保障，在无形之中又会形成对公

[1] 参见高一飞、潘基俊：《论律师媒体宣传的规则》，《政法学刊》2010 年第 2 期。

[2] 冀祥德：《论控辩平等之理论基础》，《求是学刊》2009 年第 5 期，第 67 页。

[3] 管宇：《论控辩平等原则》，中国政法大学 2006 年博士学位论文，第 25 页。

[4] 王彩云：《论我国刑事诉讼中控辩双方的地位》，《黑河学刊》2012 年第 8 期，第 98 页。

权力机关的制约，最终起到监督公权力的作用。[1]这种对应权力控制+权利保障的机制，共同促进了司法公正的实现。

对于控辩平等原则的内涵，多数学者认为包括平等武装与平等保护两个方面。[2]平等武装即“平等的诉讼权利和攻防手段”[3]。这也是控辩平等原则的立法要求，囊括了两个层面的含义：一是控辩双方具有平等的法律地位；二是平等武装，即手段和权利对等。但是控辩双方的权利义务不对等，所以要求对辩方权利进行适当倾斜，以尽量修正这种不对等的关系。平等保护侧重表现为对法官的要求，要求法官在诉讼中保持客观中立，综合考虑控辩双方出示的证据以及所提的意见，公正裁判。有学者则认为控辩平等原则的内涵除平等武装和平等保护外，还应包括平等对抗与平等合作[4]，这种认识更加丰富了控辩平等原则的内涵。平等对抗认为通过相互询问强有力的问题是发现事实真相的好办法，主张要想知道真相就需要对其进行论争。[5]平等合作则是平等对抗一步一步应该实现的结果，有利于公正和效率的实现。

控辩平等原则的现代内涵讲究平等合作，要求双方基于平等、自愿、合意、互利、诚信，通过特定程序进行协商交易[6]，随之产生的辩诉交易、诉讼协商、特别程序也正是控辩合作的体现。我国认罪认罚从宽制度作为合作性司法的代表，也是这一原则的表现之一。[7]基于控辩平等原则的功能所赋予辩护律师的一系列权利也是这一原则的实践

1 冀祥德：《控辩平等原则的功能》，《法学论坛》2008年第3期，第57页。

2 苑宁宁：《控辩平等原则下证据开示制度之反思》，《法学杂志》2011年第6期，第135页。

3 樊崇义：《刑事诉讼法学》，中国政法大学出版社2009年版，第94页。

4 冀祥德：《控辩平等之现代内涵解读》，《政法论坛》2007年第6期，第89页。

5 冀祥德：《控辩平等之现代内涵解读》，《政法论坛》2007年第6期，第95页。

6 马永平：《控辩关系整体性重构的基点选择——评冀祥德教授〈控辩平等论〉》，《人民检察》2017年第1期，第67页。

7 王瑞剑：《控辩平等视野下的认罪认罚从宽制度新探》，《辽宁公安司法管理干部学院学报》2017年第2期，第76—77页。

运用。

控辩平等原则的应用已不仅局限于法庭上，还可延伸解释至律师的庭外言论，律师的庭外调查权就是庭外控辩平等原则的体现。在诉讼过程中，对于在社会上影响力较大的案件以及公众、媒体关注度较高的案件，公权力机关会适时进行信息公开。此时，辩方基于自我权利的保障，有理由相信控方发表的言论会对其不利，因而赋予当事人一方在法庭之外的回应权，是实现控辩平等的重要方式，在这一过程中法官作为纠纷解决者要保持中立，为这种平等回应提供条件，许可或者容忍这些言论。

（二）新闻媒体的平衡报道原则

在我国新闻事业起步之初，因受社会环境的影响，平衡原则尚未引起新闻行业的重视。改革开放以后，社会公众尤其是新闻从业者逐渐认识到这一原则在新闻报道中的重要作用。1983 年，孙旭培教授第一次提出了新闻报道平衡原则这一概念。他认为："平衡就是在突出报道一种主要因素时，还要顾及其他因素，特别是相反的因素；在突出报道一种主要意见时，还要注意点出其他意见，特别是相反的意见。"[1] 防止报道的过度偏向，警惕一边倒现象的出现，要求新闻从业者在搜集新闻时做到在内容、主体、客体上保持平衡，从多个角度了解新闻事件全貌，确保新闻信息的全面、客观、真实。

平衡原则来源于媒体的客观全面义务。"本质真实论认为新闻报道应该是有深度的报道，要区别于一般的描述性消息，不能只满足于简单的现象罗列，而应该透过现象抓本质，做到由表及里。"[2] 这要求记者在报道新闻时要正确处理好自我的主观因素，作出正确的价值判断；要保证多元不同意见和观点能够得到完整呈现，为社会公众提供平等利用媒介的机会。如果记者只采访了一方当事人或者没有采访事

[1] 孙旭培：《论新闻报道的平衡》，当代中国出版社 1994 年版，第 237 页。

[2] 傅西路：《新闻自由与新闻真实》，上海人民出版社 1990 年版，第 126—128 页。

件的所有当事人，听信了不完全的信息，长此以往，将导致新闻行业的病态运营。[1]新闻平衡原则在律师庭外言论运用中的最突出表现应是媒体应当让双方都有表达的机会。[2]在司法案件中强调新闻报道平衡原则对于司法公正的构建至关重要，一方面能够满足社会公众的知情权，避免产生一边倒的舆论支持或者舆论谴责；另一方面这也是对司法机关进行有效监督的方式之一。媒体如果只报道侦查机关、公诉机关作为控方的对被追诉人不利的言论，而不报道其对手——律师的辩护性言论，其报道就是片面的、不平衡的，即违背新闻公正、客观的要求。

新闻要客观真实，不能因为法检机关代表国家公权力就绝对信任，更不能因为被指控方被认定为犯罪嫌疑人就先入为主认为其一定有罪，任何人未经审判都不能认为有罪，所以新闻报道的发表需要考虑平衡新闻另一方当事人的回应言论。而被指控的犯罪嫌疑人要实现对公权力机关所发表的不实言论或者不利言论进行回应，很大程度上依赖于其辩护律师。也即在司法报道中，要保障辩护律师庭外回应权，新闻从业者也要听取司法机关和辩护律师双方的言论，两者相互印证，将事实真相报道给社会大众知晓。

（三）被报道人的媒体回应权

新闻平衡原则是从媒体的责任和义务两方面来实现新闻自由的，而媒体回应权是被报道人新闻自由的权利，是新闻报道对象防止名誉侵权的救济方式之一。

媒体回应权制度起源于法国，设立之初的目的在于实现新闻自由和名誉权保护之间的平衡。名誉受到侵害的常见救济方式有停止侵害、赔礼道歉、消除影响、恢复名誉并对造成的经济损失进行赔偿

---

1 参见李良荣、赵智敏：《试析当前新闻报道的平衡原则》，《新闻爱好者》2009年第3期。

2 粘青：《浅谈平衡原则在法制新闻报道中的运用》，《中国报业》2016年第7期，第76页。

等。[1]其中最为重要的则是请求停止侵害，通常的做法是由名誉受损的被报道人向新闻媒体提起诉讼。但是，这一做法存在诉讼周期长、诉讼成本过高等弊端，此外，诉讼也会降低公众对新闻媒体的信任度。而引入媒体回应权为当事人的权利救济提供了另一种选择，被报道人知晓新闻媒体报道了有关自己的不实陈述和冒犯性评价后，有权在媒体上及时进行有针对性的回应。[2]这一权利不仅给予了媒体人修正报道的机会，也为被报道人提供了申辩反驳的渠道，有效实现对权利的救济，最大限度地防止了媒体对报道对象权利损害的扩张。

提起侵权诉讼和行使媒体回应权这两种方式分别从公力救助和私力救济两个不同角度出发，其目的都是实现对个人名誉权的保护。[3]如果新闻媒体按照要求刊登了被报道人的回应文章的，应视作被报道人的权利得到了一定程度的救济，在新闻媒体保障了回应权时应当限制被报道人提起侵权诉讼的权利。但限制提起诉讼并不等于剥夺被报道人的诉讼权利，而是在诉讼中要考虑媒体已经履行了一定的义务避免损害扩大的事实，在赔偿数额上要将之一并裁量。

在回应的内容上，媒体回应权的行使是有边界的。大多数国家规定权利人在行使回应权时有权要求媒体在合理期间内免费刊载其回应文章，但对于回应文章的内容，不同国家做出了不同的限制。法国《新闻自由法》规定要对权利人在行使媒体回应权时发表的内容进行考察，即考虑文章牵扯的利益是否正当、是否对第三人造成伤害、有无违背公序良俗以及侮辱记者的言论。[4]如果含有上述不恰当的内容，被报道人的回应权则归于消灭。德国《汉堡新闻法》规定权利人只能

---

[1] 程啸：《侵权责任法》，法律出版社 2015 年版，第 656—675 页。

[2] 王占明：《论作为人格权救济权之媒体回应权》，《私法研究》2012 年第 1 期，第 216 页。

[3] 岳业鹏：《论作为名誉损害救济方式的回应权——兼评〈出版管理条例〉第 27 条第 2 款规定》，《北方法学》2015 年第 5 期，第 60 页。

[4] 靳羽：《域外回应权制度及其启示》，《中共南京市委党校学报》2013 年第 3 期，第 40 页。

对报道的事实部分进行回应，对于意见陈述以及价值判断的内容则没有回应的权限。[1] 在美国，权利人在行使媒体回应权时必须满足两个条件：一是该报道是虚假的；二是这篇虚假的报道造成了被报道人社会评价降低的后果。对于这一点，有学者持相反看法，认为回应权的存在不是为了修正错误的言论，而是为被报道人提供申辩的机会，从而保证言论的多元性，因此，回应权的行使原则上不要求以虚假报道为前提。[2]

我国也通过行政法规确立了被报道人的媒体回应权。如果被侵权人有充足的证据证明媒体报道的内容存在失实，其可以依据《出版管理条例》第 27 条[3] 的规定要求出版单位进行更正或答辩，有关单位应当在其近期出版的报纸、期刊上予以发表，单位拒绝发表的，当事人可以提起诉讼，但并没有提及本人是否可以直接通过自媒体行使回应权。但在自媒体时代，公民或者单位通过自媒体行使回应权是最常用的方式。

如果说媒体回应权是新闻自由与被报道人名誉保护的博弈产物，那么律师庭外言论的回应权则是新闻回应权在司法领域的延伸。新闻自由需要考虑被报道人的名誉保护，并为其提供与诉讼相比更为便捷的媒体回应权作为其权利保护的救济渠道。[4] 律师作为当事人的委托人，有权在当事人遭受不当评价时进行回应，尤其是可以对案件诉讼中来自控方的不实言论进行回应。此外，行使普通回应权尚且需要受

---

[1] 赵雪波等：《世界新闻法律辑录》，社会科学文献出版社 2010 年版，第 96 页。

[2] 汪嘉琪：《接近使用媒体的权利》，《法令月刊》2006 年第 6 期，第 98 页。

[3]《出版管理条例》第 27 条规定："出版物的内容不真实或者不公正，致使公民、法人或者其他组织的合法权益受到侵害的，其出版单位应当公开更正消除影响，并依法承担其他民事责任。报纸、期刊发表的作品内容不真实或者不公正，致使公民、法人或者其他组织的合法权益受到侵害的，当事人有权要求有关出版单位更正或答辩，有关单位应当在其近期出版的报纸、期刊上予以发表，拒绝发表的，当事人可向人民法院提起诉讼。"

[4] 李昵：《媒体回应权研究》，辽宁大学 2018 年硕士学位论文，第 20 页。

到回应时间以及表达内容上的限制，行使律师庭外回应权也应如此。这是考虑到律师的庭外言论多涉及案件具体情况，而未经法庭审理完结，有些事项确实需要保密。因此，在赋予律师庭外言论回应权的同时，也要遵守律师言论的其他规则，如保密规则、真实性规则等，同时还要遵循行使回应权规则的前提和限度。

三、律师行使回应权的前提和限度

通过律师的回应使得社会公众能够倾听到不同的声音，有利于维护被告人的正当权利，但如若律师打着行使回应权的幌子进行恶意炒作，则属于滥用规则，对这种行为必须进行规制。所以在赋予律师庭外言论回应权的同时确有必要为回应权规制的适用设定前提和限度条件。

（一）律师行使回应权的前提

适用回应权的前提是已有宣传对当事人利益造成严重不当损害。即当媒体已经出现了控方发表的对当事人存在明显片面或者不利的宣传时，律师有权通过媒体或者在公开场合进行回应或者解释。[1] 案件还未经法庭审理完结，控方发表不当言论往往会不利于当事人，如有损当事人信誉、暴露当事人隐私以及让外界先入为主认为当事人有罪等，这时律师进行回应显得很有必要，这是律师辩护权的延伸。2000年，欧洲理事会部长委员会关于律师职业行使自由的建议中就提到律师在按照其专业原则行事时，不应受到任何制裁或压力的威胁。[2] 律师当然享有辩护权，此时进行回应正是律师保护当事人合法权益的职责所在。在一般情况下，法院经过裁判会对被报道的犯罪嫌疑人做出有罪判决，但是在强调打击犯罪的同时也要保证其享有接受公正审判

1 杨秀：《案件传播中的律师微博研究》，《重庆大学学报（社会科学版）》2015 年第 2 期，第 144 页。

2 崔明伍：《表达自由与司法权威和公正：欧洲人权法院判例研究》，安徽大学 2019 年硕士学位论文，第 55 页。

的权利。既然案件还没有判决，控方向媒体公布信息就要保持谨言慎行，做到依法依规，遵守基本的职业道德；即使已经判决，被追诉人已经确认为罪犯，也要全面展示判决的内容，保障罪犯的权利，让公众了解其犯罪的原因、避免公众对其犯罪行为的过度解读和误解。

我国《刑事诉讼法》第 12 条明确禁止有罪推定，这是我国无罪推定原则的法律依据。确立无罪推定原则，有利于保障被追诉人的诉讼权利。不法分子的犯罪行为既侵犯了国家和社会的利益，也严重地侵犯了公民的权益，是对社会秩序的破坏，影响恶劣，因此，国家必须对犯罪进行追究和惩罚。[1]但是，司法机关在查处犯罪的过程中，也会出现主观臆断、有罪推定、超越权力乃至滥用权力的现象，控方在其庭外言论中也可能违背无罪推定原则。《刑事诉讼法》第 37 条规定辩护人有责任维护犯罪嫌疑人、被告人的诉讼权利和其他合法权益。可见，只要案件尚未审理完结，即使是在法庭之外，控方也得严格遵守无罪推定原则的有关规定，当控方发表违背无罪推定原则的言论时，辩方当然可以进行驳斥，以挽回当事人声誉，使其受到公正的审判。

在美国 2006 年"杜克大学球员强奸案"[2]中，为了能够顺利起诉，地区检察官尼丰隐瞒了 DNA 检测报告上所显示的、在与被追诉人接触前被害人身上存在其他不确定身份男子精液的事实，并和 DNA 实验室负责人一起将这些内容从报告中删除。从而导致负责该案件的大陪审团成员在不知道全面检测结果的情形下投票通过了起诉，最终对案件的处理产生了重要影响。与此同时，尼丰多次接受媒体采访，据不完全统计，他共接受了 50 多次采访，花费 40 多个小时回应了媒体的各种需求，制造了审前偏见。在北卡罗来纳州律师协会对尼丰的

1 陈光中、张佳华、肖沛权：《论无罪推定原则及其在中国的适用》，《法学杂志》2013 年第 10 期，第 5 页。

2 参见高一飞：《马戏团入城：2006 美国媒体与司法故事》，《新闻春秋》2015 年第 1 期，第 72—74 页。

投诉中提到：尼丰对媒体大肆散布不利于被告人的误导性和煽动性言论，并涉嫌不诚实、欺骗、愚弄以及歪曲事实等一系列行为。在刑事案件中，规定律师在涉及嫌疑人的性格、可信度、个人的成败等事项上拒绝发表言论，关于嫌疑人罪与非罪的任何言论都要保持审慎，同时，还规定检察官不得发表加剧公众对被告谴责的言论。[1]然而尼丰罔顾规定的做法使得本不应起诉的案件被广为流传，致使被告人和他们的家人遭受了来自学校和社会的各种抹黑诽谤，陷入孤立无援的困境，承受了他们本不该承受的痛苦和折磨。

发生在美国的这起案件值得我们深思。一边倒地站在所谓弱者一边（本案中被害人实则谎话连篇，且前后证词不一致），对"有权有势者"未审先判是不恰当的。由于控方审前言论的不合时宜从而导致形成舆论审判的情况下，应当给辩方以回应的机会。特别是在尼丰审前已向媒体公开声明的情况下，辩护律师自然也可以向媒体公开案件，以"理性的律师"的标准制作声明，保护委托人免受负面影响，最终促成了案件不起诉，维护了被追诉人的利益。

（二）律师行使回应权的限度

安全港规则作为审判宣传的第二款规定，是关于律师在法庭之外"可以说"什么的一般规则，设立在回应权规则之前。回应权条款则赋予了律师在一般安全港规则之外、在控方发表不当言论的前提下，发表超出安全港范围的言论权利，是突破安全港规则的例外规定，回应权规则就是这样一个例外条款。即律师行使回应权是为了对控方不当宣传进行反驳，回应的内容不以安全港规则为限，而是与已经出现的控方的有害言论相对应，包括安全港规则之外的言论如公开辩护词、公开证据、公开辩护观点等。

但这并不意味着为了保护当事人的法益就可以无限度地适用这一

1 ［美］琼·E. 雅各比、爱德华·C. 拉特利奇：《检察官的权利——刑事司法系统的守门人》，张英姿、何湘萍译，法律出版社 2020 年版，第 182 页。

权利，只有当控方言论存在严重损害当事人权益的情形时才可以适用该回应权。与此同时，律师所提出的声明内容只限于必要的平息最新的不利于当事人的信息，而不能采取非必需的手段扩大不当报道的损害。需要明确的是此时律师进行回应针对的是控方宣传所带来的不利损害，而不是一切外界宣传评论，尽管一些外界宣传也会损害当事人利益，但由于范围广泛，不便对此一一进行规制，且对于此类言论当事人有权按照一般侵权进行处理。当然，行使回应权的言论还应当以合法为前提，遵守保密规则、真实性规则的有关规定。

四、律师回应权的言论范围

律师回应权是针对控方发表对于被追诉人的不利言论而产生的，因而具体的言论内容因为案件的情况不同而不同，我们不能穷尽关于回应权所涉及言论的所有内容类型。但是，根据控辩双方发表关于案件言论的一般规律，以下言论类型是属于律师回应权涉及的言论，我们在此进行简要的类型化分析。

（一）律师公开证据回应控方公开证据

在裁判前，控辩双方一般不能公布审前证据。为什么不能公布“审前证据”，国际规则考虑的是执法秩序和无罪推定的要求。1994 年国际法学家协会发布《媒体与司法关系的马德里准则》[1]，其第 4 条[2]规定，在审前阶段，社会公众的知情权要受到无罪推定原则的限制，以免形成舆论审判，这也是保障犯罪嫌疑人公平受审权的要求。

基于公开审判制度的设计，社会公众包括新闻媒体可以进入法庭旁听审判，虽然在法庭上，列席审判的公众有知晓案件证据的可能，

---

1 高一飞、龙飞等：《司法公开基本原理》，中国法制出版社 2012 年版，第 353 页。

2《媒体与司法独立关系的马德里准则》第 4 条规定：“基本准则并不排斥在司法调查程序阶段对法律秘密的保守。这种情况下，秘密保守的目的主要是为了实现对被怀疑和被控告的个人的无罪推定的实现。不能限制任何人了解官方调查结论和调查情况的信息。”

但如果公众在审前就获悉了法庭必然公开的证据，时机不当，则可能引起公众舆论从而损害公正审判的程序价值。[1]与此同时，未经法庭允许，控辩双方擅自将证据材料向媒体公众披露，在一定程度上属于对法庭案件处理裁决权的一种逾越，也可能对司法公正产生不利影响。

通过庭外言论在审前公开证据，可能造成“污染”陪审团的后果。在英美的陪审团审判中，往往需要通过过滤提供给陪审团的证据来完成对事实发现过程的司法控制。因为即使存在法官小心谨慎的指示，造成陪审团产生误解或忽略指示内容的危险仍然存在。[2]因此，一旦控辩双方通过发表庭外言论的行为在审前公开证据，陪审团成员就很有可能在审判前看到证据，甚至看到新闻媒体对该证据的报道，从而预先产生具有倾向性的观点。法官对案件事实的最终认定是其对审判过程进行综合判断的结果，证据出现的先后顺序对判断结果存在影响。因此，控辩双方通过庭外言论在审前公开证据，很容易导致法官产生先入为主的偏见，从而做出不公正的判决。

基于以上原因，一般情况下，禁止控辩双方在审前披露证据。对律师一方而言，在审前不当公开证据会受到法律规制。根据《刑法》第308条之一[3]的规定，对于依法不公开审理的案件，律师通过庭外言论公开案件信息并产生严重后果，律师将受到刑事处罚。律师公开证据的行为可能会违反《律师执业管理办法》。《律师执业管理办法》第38条第4款规定律师不得以不正当方式影响依法办理案件，其中不正当方式的情形之一为：违反规定披露、散布不公开审理案件的信息、材料。如若律师违反此规定，会受到来自行业的纪律处分。

1 马静华、杜笑倩：《律师网络披露刑事证据行为的合规性与正当性分析》，《四川师范大学学报（社会科学版）》2021年第2期，第64页。

2 王一怀：《新闻自由与审判公正之间的平衡——加拿大刑事审判制度特点初探》，《江西社会科学》2004年第5期，第102页。

3《刑法》第308条之一规定：“司法工作人员、辩护人、诉讼代理人或者其他诉讼参与人，泄露依法不公开审理的案件中不应当公开的信息，造成信息公开传播或者其他严重后果的，处三年以下有期徒刑、拘役或者管制，并处或者单处罚金。”

但是，在受理案件和立案侦查的过程中，如若公安机关或者检察机关在与媒体互动时将案件证据公之于众，会严重损害犯罪嫌疑人的权益。对此，辩护律师当然也可以公开其掌握的嫌疑人的无罪或者罪轻的证据给予回应，以救济当事人权益。对于公安机关而言，不公开证据和证人是世界各国的通行做法，只有在特殊情况下有更加重大的利益需要保护时才可以公开证据。[1]根据“控辩平等”的诉讼原理，也应赋予辩方在特殊情况下审前公开证据的救济权，即在控方违规披露审前证据的情形下，辩方有权直接公开其掌握的有利于平息控方不当言论的审前证据，在此背景下，律师因行使回应权而在审前公开证据的，应当得到豁免。

（二）律师公开辩护观点回应控方不利宣传

律师公开辩护观点是指除了公开证据以外，律师公开自己对案件的有利于自己一方的评论。律师庭外言论的诉讼无害规则要求律师庭外不得公开辩护观点，律师的战场在法庭。这是由司法亲历性决定的。直接言词原则也要求律师应与法官、检察官一样，将庭审现场作为言论发表的主要场所，如此方可实现控辩双方的平等对抗，共同维护司法的权威性与公信力。[2]如果律师以扬名获利为目的，将本该在庭审中提出的辩护意见发表于法庭之外，甚至采取极端手段，借助媒体和公众干扰审判，则破坏了正常的诉讼秩序，造成司法的尊严受损的后果。

刑辩律师的庭外言论可能会泄露辩护策略。从律师庭外言论对当事人利益的影响来看，刑辩律师的庭外言论往往包含大量与案件相关的信息以及对案件的个人评论，可能会无意间泄露己方的辩护策略，

---

1 高一飞、吴刚：《阳光司法视域下警务公开的限度》，《政法学刊》2018 年第 4 期，第 89 页。

2 宋英辉、李哲：《直接、言词原则与传闻证据规则之比较》，《比较法研究》2003 年第 5 期，第 53 页。

不利于后续辩护工作的开展和维护被告人的合法权利。[1]律师的庭外评论一旦发表，就有可能被该案的检察官提前获悉，从而有针对性地做好攻击与防御的准备，这很有可能使律师在法庭上的辩护陷于被动的境地，辩护效果也无法得到很好的保证。

虽然诉讼无害规则要求律师庭外言论一般不得公开辩护观点，但在司法活动中，检方在发布通缉公告、裁判前不仅可能造成对无罪推定原则的破坏，干扰被告人获得公平抗辩的能力，同时还可能损害被告人的声誉。律师在维护当事人的合法权益遇到阻碍时将冲突社会化，寻求社会公共权威介入以改变不利局势，是维持与保证控辩平衡局面的客观需要。因此，在这种情况下，律师就有可能诉诸庭外言论，将辩护观点公之于众，以达到其在法庭上无法达到的辩护效果。当然，裁判前公开辩方观点的方法既可以是一般的言论回应，也可以是判决前直接将辩护词公开，但这和下文提到的裁判后起诉书公开是两回事。

（三）律师裁判后辩护词公开回应起诉书公开

在检务公开改革中，推行起诉书公开不仅是满足公民知情权的必然要求、提升司法公信力的有力保障，也是监督司法权的有效途径。2014 年 10 月，在经历了为期一年的深化检务公开改革试点工作后，整合多方面建议、经验，最高人民检察院印发了《人民检察院案件信息公开工作规定（试行）》。其中第 18 条规定，人民法院生效裁判形成以后的起诉书应当公开。

起诉书是由检察官在收集足够的证据后指控嫌疑人犯罪行为的公开声明。对于不了解事实真相的公众往往会认为起诉书是一个说明犯罪嫌疑人有罪强有力的文书，特别是起诉书的制作机关为检察院，公权力的笼罩会更增强公众对这种想法的信服感。但即使最后法院判决控方胜诉，也不能代表起诉书所呈现的情况就是案件全貌，而当这样

[1] 高一飞、龙飞等：《司法公开基本原理》，中国法制出版社 2012 年版，第 401 页。

一份起诉书广为宣传却要求辩护律师保持沉默，这是不公正的。与起诉书的公开相对应，辩护词公开或许能成为辩护律师对此进行回应的最佳武器。

有学者指出，人民法院应在互联网公布裁判文书的同时，公布律师的辩护词、代理词。[1]这对规范、监督法官依法审判和提高律师队伍业务素质、监督律师严格遵守职业操守都有着重大意义。那么，人民法院可否在裁判文书网中一并公开辩护词呢？对此，最高人民法院进行了答复。

最高人民法院指出，在互联网公布律师辩护词、代理词的主要困难在于律师辩护词、代理词属于当事人委托作品，可能涉及知识产权、个人隐私等一系列问题，且并不是所有案件的律师、当事人均支持将辩护词、代理词等向社会公众公开。[2]裁判文书的公开，包括起诉书、抗诉书、判决书，以上都是经过国家司法机关审核认定作出的具有公信力的文书，而辩护词、代理词则属于律师的个人意见，缺乏公信力。更为重要的是，辩护词系辩护律师在审判前作出的言论，其中涉及的内容可能并不属实或者没有证据查实。将这样未经查实的言论及案件细节向互联网发布，不够严谨也不科学，有违律师职业伦理，容易滋生众多事端。例如，在辩护词中可能提及其他人犯罪的细节或者提及对方当事人重婚、包养小三等未经确认的事实，这些辩护词一旦公布，对相关人员造成的冲击是难以想象的。

不可否认，最高人民法院的担心不无道理，但存在困难并不意味着没有办法解决。

首先，对于辩护词公开所引发的知识产权问题，实践当中已经有了探索。2017 年，浙江省高级人民法院审理了张文江和钱文中两位律

---

[1] 刘峰：《律师辩护词代理词也应公开》，http://opinion.people.com.cn/n/2015/0325/c1003-26746369.html，访问日期：2021 年 3 月 20 日。

[2]《最高人民法院关于在互联网公布律师辩护词、代理词的建议的答复》，https://www.sohu.com/a/291562348_120065301，访问日期：2021 年 4 月 29 日。

师关于辩护词引发的著作权侵权纠纷一案，浙江省高级人民法院认定：纵观我国当前立法，虽然对法律法规、国家机关司法性质的文件的著作权持排除态度，但是对辩护词等法律类文书的著作权却没有予以限制。[1] 涉案辩护词往往需要辩护人结合案件事实、证据材料等信息，有逻辑地用自己的语言对委托人不构成犯罪或者犯罪较轻进行论述，是辩护人独立完成的创造性劳动成果，可以有形形式复制，属于文字作品，应该受到著作权法的保护。但是，律师如果为达到辩护的目的自愿在裁判文书网上公开辩护词，其主观愿望就是让更多的人看到，他人的传播有利于其辩护目的的实现，只要不侵犯其署名权，不存在律师将会在乎知识产权问题，以知识产权为借口不公开律师辩护词，不过，这已经是转移了争议的主题。

其次，关于公开辩护词可能导致的隐私保护问题。在判决书、起诉书的公开过程中也会涉及这些问题，因此，可以参考该类法律文书公开时的相关规定，对其中涉及国家秘密、商业秘密、个人隐私以及其他重要信息做出屏蔽处理。

起诉书虽是检察机关根据其查询到的案件事实及搜集到的证据整理形成的法律文书，但也可能存在认定有错的情况。辩护词的公开正是对此类错误言论进行回应的最好证明，即使法院最后没有采纳，这仍是当事人对控方指控的一个回应。因此，有必要对辩护词给予同等对待，参照起诉书的设定在裁判后进行公开。

本章小结

回应权是律师辩护权的一部分，它赋予了辩方对控方的不当宣传进行申辩、反驳的权利，对于律师有效行使辩护权，维护当事人权益有着积极作用。然而我国目前还没有此方面的规定，使得律师的辩护权在法庭之外遭受限制。因此，我国可以在考虑国情的基础上借鉴国

[1] 中国裁判文书网：张文江钱文中著作权权属侵权纠纷二审民事判决书（2017）浙民终 478 号。

际准则和域外规则关于律师回应权的规定，以解决这一问题。笔者建议，我国可以在2018年修正的《律师执业行为规范（试行）》第五章“律师参与诉讼或仲裁规范”的基础上增添“第四节　谨慎司法评论”，在其中同时规定回应权规则的内容：

【回应权规则】律师仍可以控方违规发表庭外言论且对当事人权益造成严重损害的情况下进行回应，回应的方式包括：（1）审前公开罪轻或者无罪证据以回应控方审前违规披露控诉证据；（2）诉讼期间公开辩护观点以回应控方不利宣传；（3）在裁判后公开辩护词以回应起诉书公开。

第三款的回应以平息当事人当前受到的损害为限。

需要注意的是，回应权规则的适用既不影响安全港规则中的律师言论自由，也不影响律师庭外言论应当遵守保密规则、真实性规则，而是对律师庭外言论的例外规定。

第四章　律师庭外言论的保密性规则

几乎所有国家都将保密规定为律师的基本义务，律师保密义务涉及的范围也很广泛。

联合国《关于律师作用的基本原则》第 22 条规定："各国政府应确认和尊重律师及其委托人之间在其专业关系内的所有联络和磋商均属保密。"[1]

根据《欧洲律师职业规范》的规定：如果没有保密的确定性，就不可能有信任，因此，保密是律师的首要和基本权利和义务。律师的保密义务既符合司法行政的利益，也符合委托人的利益，因此它有权得到国家的特别保护。律师应尊重其在其职业活动过程中获悉的所有信息的机密性，保密义务不受时间限制。但在欧洲人权法院看来，虽然律师的媒体行为不受限制，它也应当对司法调查的保密尽到谨慎义务。[2]

美国《联邦证据规则》第 502 条规定了律师与客户之间的保密特权，即适用法律对律师与客户保密通信提供的保护，其保护范围还包括为预期诉讼或审判而准备的有形材料（或其无形等同物）等工作成果。[3]《美国律师协会职业行为示范规则》第 1.6 条规定："律师不得透露与代理客户有关的信息，除非客户给予了明确同意、为了进行代理披露已得到默示授权或者披露得到（b）款的允许。"[4]

---

[1] U.N. Doc. A/CONF. 144/28/Rev. 1 at 118 (1990). 22.

[2] Morice v. France (Application no. 29369/10).

[3] Federal Rules of Evidence (2021 Edition), Rule 502 (g).

[4] ABA Model Rules of Professional Conduct (2020), Rule 1.6 (a).

英国《律师协会标准手册》第二部分将律师的保密义务视为律师的核心义务之一[1]，并规定只有至少存在法律要求、法律允许、委托人同意这三种情形之一时，律师才能披露客户的秘密。[2]比如，根据英国2002年的《犯罪收益法》，律师可能有义务披露某些事项，此种未经客户允许下的披露，不构成对保密义务的违反。[3]

德国《联邦律师法》第43a条规定："律师有义务保守秘密，这一责任适用于他在行使其职业时了解到的一切，但不适用于明显的或根据其重要性不需要保密的事实。"[4]同时德国《律师职业守则》第2条规定："以下三种情况下信息披露不构成对保密义务的违反：（1）在客户同意的情况下进行；（2）为强制执行或抗辩由案件引起的正当索赔，或为捍卫律师自身利益所必需；（3）发生在《联邦律师法》第43（e）条适用范围之外，事务所工作程序框架之内的，并且客观上符合公众认可的社会生活中的正常行为（社会充分性）。"[5]律师违反保密义务的，可能构成"侵犯私人秘密罪"。[6]

法国《国家律师职业内部规定》第2.1条规定："律师在任何司法管辖区和法律规定或授权的声明或披露案件之前，根据其自身辩护的严格要求，在任何情况下均不得进行任何违反职业保密的披露。"这种保密义务属于公共秩序，在时间上是普遍、绝对且没有限制的。[7]法国对律师的保密义务规定较为严格，规定"律师之间的所有交流，无论是口头的还是书面的，无论是何种媒介（纸质、传真、电子方式

[1] The Code of Conduct in The BSB Handbook (Fourth Edition) (2020), CD6.

[2] The Code of Conduct in The BSB Handbook (Fourth Edition) (2020), rC15.5.

[3] The Code of Conduct in The BSB Handbook (Fourth Edition) (2020), GC43.

[4] Bundes rechtsanw alts ordnung (BRAO), § 43a (2).

[5] Berufs ordnung (in der Fassung vom 01.01.20201), § 2 (4).

[6] Strafgesetzbuch (StGB), § 203 Verletzung von Privatgeheimnissen 1.

[7] CNB Règlement Intérieur National de la profession d’avocat (RIN) (Version consolidée au 18 janvier 2021), Article 2 - Le secret professionnel.

等），本质上都是保密的”。[1] 违者将可能受到法国刑法典第 226-13 条“泄露职业秘密”的处罚。[2]

意大利《律师法》[3]《律师行为准则》[4] 中均规定：“为了被援助方的利益，律师对第三方有义务严格遵守职业秘密，并对在法庭代理和援助活动中以及在履行法律咨询和庭外援助中所了解的事实和情况进行最大限度的保密。”披露行为造成一定伤害后果的，将构成“泄露职业秘密罪”。[5]

日本《律师法》第 13 条规定：“律师或者曾担任律师的人有权利和义务保守其在履行职责过程中知悉的秘密。但法律另有规定的，不在此限。”[6] 违反这一规定，情节严重的构成泄露秘密罪。

可见，国外律师的保密义务是狭义的，即存在于律师与委托人之间的保密义务，秘密内容是指律师在执业过程中知悉的秘密，为保护委托人秘密，大陆法系国家普遍地规定了“泄露职业秘密罪”。

我国律师的保密义务内容很广，包括保守国家秘密、个人隐私、商业秘密等，这是作为公民都应尽到的一般义务，与职业相关性不大。不过，与职业相关性较大的律师保守委托秘密我国法律也有规定，但发展起步较晚。

---

[1] CNB Règlement Intérieur National de la profession d'avocat (RIN) (Version consolidée au 18 janvier 2021), Article 3.1 Principes.

[2] Code pénal (Version en vigueur au 08 août 2021), Article 226-13.

[3] Nuova disciplina dell'ordinamento della professione forense (LEGGE 31 dicembre 2012, n. 2471), Art. 6.1.

[4] Codice Deontologico Forense (approvato dal Consiglio nazionale forense nella seduta del 31 gennaio 2014 e pubblicato nella Gazzetta Ufficiale Serie Generale n. 241 del 16 ottobre 2014), Art. 13–Dovere di segretezza e riservatezza.

[5] DISPOSIZIONI DI ATTUAZIONE DEL CODICE PENALE (2021R.D. 601-1931). Art. 622.

[6]《弁護士法》（昭和二十四年法律第二百五号），第十三条（秘密保持の権利及び義務）。

通过分析整理我国司法部公示的行政处罚和行业处分通报数据[1]可以发现，2018年12月3日至2021年1月15日，司法部通报了172名律师被吊销律师执业证书或限期停止执业或行政警告及罚款等，其中，35名律师向司法部门提供了虚假材料、犯伪造证据罪、干扰诉讼、违规披露案件信息、违规传递物品。这些违背职业道德和违反法律法规的律师给律师队伍造成了极大的负面影响，严重损害了律师队伍形象，成为律师队伍的害群之马，降低了人民群众对律师队伍的信任度，更是对社会公平正义的极大破坏。

律师违规披露案件信息导致泄密，违背了律师的保密义务。律师的泄密行为整体上可以分为四类：一是泄露国家秘密；二是泄露个人隐私、商业秘密；三是泄露依法不公开审理的案件中不应当公开的信息；四是泄露其他案件信息。

我国对律师言论保密义务的规定散布于各部法律及规范中。对律师泄密行为的处理在实践中存在很多争议，下面笔者将对各种律师泄密行为的处理提出自己的看法。

一、律师泄露国家秘密

国家秘密关系国家安全和利益，律师保守国家秘密不仅是职业道德规范的要求，更是作为一名公民的应尽义务。

实践中，律师因泄露国家秘密被提起公诉的情况时有发生。2001年，“于萍案”成为全国首例律师泄露国家秘密罪的案件，引起各方关注。于萍作为马明刚贪污罪的辩护人，派助理去法院复印案卷，经于萍电话同意后，助理将案卷交给马明刚家属一份。其家属就所了解到的证据，联系证人出具了虚假证明，致使于萍在取证时得到了虚假的证人证言，并向法院提供了虚假的证言和证明材料。后检察机关以故意泄露国家秘密罪起诉于萍，一审判处其有期徒刑一年，二审改判

[1] 参见司法部：《行政处罚和行业处分通报》，http://www.moj.gov.cn/pub/sfbgw/zwxxgk/fdzdgknr/fdzdgknrcfqz/index_14.html，访问日期：2021年9月20日。

无罪。该案二审改判主要有三方面理由：其一，案卷材料中并未有国家秘密标志；其二，该案卷材料在审查起诉阶段被检察机关规定为机密级文件，但在审判阶段并未被规定为国家秘密；其三，于萍不是国家工作人员，也不属于检察机关保密规定中所指的国家秘密知悉人员，没有将该案卷材料当作国家秘密保守的义务。该案最终被改判为无罪，原因在于案卷本身并不一定是秘密，只有当案卷确定为国家秘密并有“国家秘密”标记时，才能将泄露案卷信息的行为认定为泄露国家秘密。

2011 年甘肃省白银市再次上演了和“于萍案”类似的情节。被告人王英文到白银市人民检察院公诉处，经办案人员同意将犯罪嫌疑人的案件材料中重要的笔录拍了照，后将所拍得的案卷材料复制给了犯罪嫌疑人家属关某某。2011 年 11 月，王英文又将从白银市人民检察院用照相机拍的补充侦查笔录复制给了犯罪嫌疑人家属。经甘肃省国家保密局鉴定，被告人王英文复制给关某某的陈某某案件材料中的《白银市公安局起诉意见书》属于秘密级国家秘密。一审法院认定王英文构成故意泄露国家秘密罪，但二审法院撤销了该判决。对于王英文为何不构成故意泄露国家秘密罪，二审法院给出了以下几点理由：第一，王英文获取的案卷材料是采用合法手段获取的；第二，王英文没有将该案卷材料当作国家秘密保守的义务；第三，并未发生被告人串供或阻碍侦查的结果；第四，王英文并不知道也未被告知该案卷材料为国家秘密，主观上不存在泄露国家秘密的故意。[1] 此案终审判决强调了律师泄露国家秘密罪必须存在主观上的故意。

泄露国家秘密有两种行为方式。一是使国家秘密被不应知悉者知悉；二是使国家秘密超出了限定的接触范围，而不能证明未被不应知悉者知悉[2]，二者的核心为“使国家秘密可能被不应知悉者知悉”。在刑事诉讼过程中，维护国家安全活动和追查刑事犯罪中的秘密事项可

---

1 参见中国裁判文书网：“（2013）白中刑二终字第 10 号”裁定书。

2 参见国家保密局：《泄密案件查处办法》（2018 年 1 月 1 日起施行）第 4 条。

以被划归为国家秘密，如果律师非法泄露这些信息，将可能构成泄露国家秘密犯罪。

根据泄露国家秘密的危害程度，可将泄露国家秘密的案件分为泄密违法案件和泄密犯罪案件。泄露国家秘密的违法案件危害性较小，由司法行政部门进行行政处罚或者由律师协会进行行业纪律处分；构成犯罪的，由司法机关根据《刑法》追究刑事责任。

《律师法》第49条规定律师有泄露国家秘密行为的，“由设区的市级或者直辖市的区人民政府司法行政部门给予停止执业六个月以上一年以下的处罚，可以处五万元以下的罚款；有违法所得的，没收违法所得；情节严重的，由省、自治区、直辖市人民政府司法行政部门吊销其律师执业证书；构成犯罪的，依法追究刑事责任。”

2010年6月1日起施行的司法部《律师和律师事务所违法行为处罚办法》第1条规定：“根据《中华人民共和国律师法》（以下简称《律师法》）、《中华人民共和国行政处罚法》（以下简称《行政处罚法》）的有关规定，制定本办法。”这说明其是对《律师法》中的处罚内容的行政解释条款。

《律师和律师事务所违法行为处罚办法》第22条规定：“律师违反保密义务规定，故意或者过失泄露在执业中知悉的国家秘密的，属于《律师法》第四十九条第九项规定的‘泄露国家秘密的’违法行为。”

《律师协会会员违规行为处分规则（试行）》第26条规定：“泄漏国家秘密的，给予公开谴责、中止会员权利六个月以上一年以下的纪律处分，情节严重的，给予取消会员资格的纪律处分。”

2021年《关于禁止违规炒作案件的规则（试行）》重申了律师不得通过泄密的方式炒作案件的要求，其中第2条规定：“案件承办律师在诉讼过程中发表代理、辩护等意见的权利受法律保护，但发表危害国家安全、恶意诽谤他人、严重扰乱诉讼及法庭秩序的言论除外。”危害国家安全的言论中就包括泄露国家秘密而危害国家安全的言论。

《刑法》第398条规定：“国家机关工作人员违反保守国家秘密法

的规定，故意或者过失泄露国家秘密，情节严重的，处三年以下有期徒刑或者拘役；情节特别严重的，处三年以上七年以下有期徒刑。非国家机关工作人员犯前款罪的，依照前款的规定酌情处罚。”也就是说，作为非国家机关工作人员的律师也可以构成本罪。

根据犯罪人主观方面的不同，泄露国家秘密犯罪分为故意泄露国家秘密罪和过失泄露国家秘密罪。此外，泄露国家秘密需达到情节严重的程度才构成犯罪。“情节严重”应当考虑泄密内容的密级，泄密对象、手段、动机、后果等综合因素。2006 年 7 月发布的《最高人民检察院关于渎职侵权犯罪案件立案标准的规定》，明确了故意泄露国家秘密罪和过失泄露国家秘密罪的立案标准，判断是否构成泄露国家秘密犯罪，应当严格按照该解释认定。

律师办案过程中泄露国家秘密具有自身的特点，对其犯罪的认定主要应当把握两个方面：从客观上看，关键是要查明律师在检察院、法院调阅的案卷材料是否属于国家秘密；从主观上看，要查明律师的行为是否存在泄露国家秘密的故意，主要是查明律师是否明知所泄露的信息属于国家秘密。

首先，判断律师在法院调阅的案卷材料是否属于国家秘密。国家秘密是依法确定的在一定时间内仅限特定范围人员知悉的事项。刑事诉讼的不同阶段，国家秘密的范围有所不同。涉及国家秘密的相关材料，均需标明是国家秘密并标明密级。是否属于国家秘密，还要受到时间限制，在侦查、审查起诉阶段，检察机关对相关案情尚在确认，对是否需要提起公诉的结果待定，因而相关的案卷材料确有保密的必要，保密机关将案卷材料认定为国家秘密。但当案件进入审判阶段时，如果没有再标明其为国家秘密，律师在法院调阅的案卷信息就不属于国家秘密。

其次，判定律师在办案中构成泄露国家秘密罪，还需要其明知所泄露的材料是国家秘密，一般情况下，司法机关会提醒律师并要求签订保密协议，在保密协议中律师会声明其了解案卷涉及国家秘密并对泄密承担法律责任，因此，主观上明知是国家秘密这一点是不难证明的。如果没有签订针对国家秘密的保密协议，有关材料应当在展示给律师时明确标明为国家秘密。对于没有明确秘密标志的材料，律师不知道其所获悉的材料是国家秘密的，除非有其他特殊证据证明律师的“明知”，否则，不应当认定律师构成泄露国家秘密罪。

二、律师泄露个人隐私和商业秘密

律师基于职业原因，可较为轻易获得当事人隐私信息。但其所获取的隐私信息仅限于代理案件的合理使用，未经当事人同意而公布他人隐私，需承担相应的法律责任。

泄露个人隐私的行为。《民法典》第 1033 条规定了六类侵害隐私权的行为。[1] 行为手段可以综合归纳为两类：一是非法披露个人不愿为他人所知晓的隐私；二是采用非法披露之外的其他方式侵犯个人隐私。律师庭外言论一般通过非法披露的方式侵犯他人隐私。2021 年 11 月 1 日生效的《个人信息保护法》[2] 将个人信息的核心内容定义为“具有可识别性”，可见，我们在陈述案件信息时，仅仅作隐名化处理是不够的，还应当对相关的地名、职业、长相等个人信息进行处理，使得他人无法通过案件的特定信息识别出具体的个人。

---

[1]《中华人民共和国民法典》第 1033 条规定：“除法律另有规定或者权利人明确同意外，任何组织或者个人不得实施下列行为：（一）以电话、短信、即时通讯工具、电子邮件、传单等方式侵扰他人的私人生活安宁；（二）进入、拍摄、窥视他人的住宅、宾馆房间等私密空间；（三）拍摄、窥视、窃听、公开他人的私密活动；（四）拍摄、窥视他人身体的私密部位；（五）处理他人的私密信息；（六）以其他方式侵害他人的隐私权。”

[2]《个人信息保护法》第 4 条规定：“个人信息是以电子或者其他方式记录的与已识别或者可识别的自然人有关的各种信息，不包括匿名化处理后的信息。”第 28 条规定：“敏感个人信息是一旦泄露或者非法使用，容易导致自然人的人格尊严受到侵害或者人身、财产安全受到危害的个人信息，包括生物识别、宗教信仰、特定身份、医疗健康、金融账户、行踪轨迹等信息，以及不满十四周岁未成年人的个人信息。只有在具有特定的目的和充分的必要性，并采取严格保护措施的情形下，个人信息处理者方可处理敏感个人信息。”

隐私权其实是一种信息自决权，换言之，自然人可以决定是否公开个人隐私。其一旦决定公开，如果隐私的核心构成要件“不愿为他人所知晓”不存在了，个人隐私进入个人信息的范畴，此时他人的披露将不构成侵犯隐私。反之，如果当事人并未决定披露而律师予以披露或者违反了披露的范围要求，将构成对当事人隐私权的侵犯。

泄露的隐私应当是真实的信息，如果泄露的内容是捏造的，则不属于这里所提的隐私。捏造、传播虚假信息，属于诽谤行为。隐私必须具有合法性、秘密性，当事人可以放弃自己的隐私。

商业秘密是指不为公众所知悉、具有商业价值并经权利人采取相应保密措施的技术信息、经营信息等商业信息。其构成需满足秘密性、商业价值性和保密性三个要件，客体要件为技术信息与经营信息等商业信息，非法的商业信息不受商业秘密的保护。[1]《反不正当竞争法》（2019 修订）第 9 条规定了四种典型侵犯商业秘密的行为：一是以不正当手段获取权利人商业秘密的；二是违法披露或使用非法获取的商业秘密的；三是违反保密义务或者有关保守商业秘密的要求，披露商业秘密的；四是规定实施前三款规定的教唆行为也成立本罪。其中，第三种方式是律师侵犯权利人商业秘密的常见方式。

《律师法》第 48 条规定，泄露商业秘密或者个人隐私的，可以处一万元以下的罚款；有违法所得的，没收违法所得；情节严重的，给予停止执业 3 个月以上 6 个月以下的处罚。

《律师协会会员违规行为处分规则（试行）》（2017 年修订）第 24 条规定：“泄漏当事人的商业秘密或者个人隐私的，给予警告、通报批评或者公开谴责的纪律处分；情节严重的，给予中止会员权利三个月以上六个月以下的纪律处分。”

2021 年《关于禁止违规炒作案件的规则（试行）》第 4 条规定，禁止律师“违规披露未成年人案件中涉案未成年人的个人信息”。

泄露商业秘密和个人隐私，可以根据《民法典》规定承担民事责

[1]《律师办理商业秘密法律业务操作指引》（2015 修订）第 16 条。

任。《民法典》第 123 条规定;“商业秘密”属于民事主体依法享有的知识产权。《民法典》第 1024 条规定:“民事主体享有名誉权。任何组织或者个人不得以侮辱、诽谤等方式侵害他人的名誉权。名誉是对民事主体的品德、声望、才能、信用等的社会评价。”

对于以上侵权行为,《民法典》第 1167 条规定:“侵权行为危及他人人身、财产安全的,被侵权人有权请求侵权人承担停止侵害、排除妨碍、消除危险等侵权责任。”除了这个一般规定,对于侵犯商业秘密的民事责任,《民法典》第 1185 条规定:“故意侵害他人知识产权,情节严重的,被侵权人有权请求相应的惩罚性赔偿。”

对于侵犯商业秘密的行为,还由《反不正当竞争法》进行专门调整。根据该法第 9 条规定,“违反保密义务或者违反权利人有关保守商业秘密的要求,披露、使用或者允许他人使用其所掌握的商业秘密”的,也属于侵犯商业秘密行为。第 17 条规定了应当承担的民事责任:“经营者违反本法第六条、第九条规定,权利人因被侵权所受到的实际损失、侵权人因侵权所获得的利益难以确定的,由人民法院根据侵权行为的情节判决给予权利人五百万元以下的赔偿。”

对于侵犯隐私权的民事责任,《民法典》第 1183 条规定:“侵害自然人人身权益造成严重精神损害的,被侵权人有权请求精神损害赔偿。”

《刑法》规定了侵犯商业秘密和个人隐私的刑事责任。根据《刑法》第 219 条规定律师“违反约定或者违反权利人有关保守商业秘密的要求,披露、使用或者允许他人使用其所掌握的商业秘密的”,给商业秘密的权利人造成重大损失的,处三年以下有期徒刑或者拘役,并处或者单处罚金;造成特别严重后果的,处三年以上七年以下有期徒刑,并处罚金。根据《最高人民法院 最高人民检察院关于办理侵犯知识产权刑事案件具体应用法律若干问题的解释(三)》(2020 年)第 4 条,侵犯商业秘密违法数额达到 30 万元及以上即可成立犯罪,最高可处 3 年以下有期徒刑;违法所得数额在 250 万元以上的属于

"情节特别严重"[1]，处3年以上10年以下有期徒刑，并处罚金。

侵犯个人隐私是侮辱他人的一种形式。《刑法》第246条规定："以暴力或者其他方法公然侮辱他人或者捏造事实诽谤他人，情节严重的，处三年以下有期徒刑、拘役、管制或者剥夺政治权利。"对于公开审理的案件，犯罪信息不属于个人隐私，而是属于已经公开的信息。《刑事审判参考》第1046号案例"蔡晓青侮辱案"对如何认定"人肉搜索"致人自杀死亡的行为性质提出过学术上的看法。[2]该案中蔡晓青的行为构成侮辱罪。理由是因被害人死亡无法查清被告人是否实施捏造、虚构事实行为的，不能构成诽谤罪；发微博要求"人肉搜索"的行为侵犯他人名誉权，属于侮辱行为；该案被告人的侮辱行为与被害人的死亡结果具有刑法上的因果关系；被告人侮辱他人的行为达到了"情节严重"的程度。笔者认为，如果律师泄露隐私的行为同时要求对相关人员进行"人肉搜索"、侵害他人名誉权并导致被告人自杀等情况的，也可以构成犯罪。

目前尚没有律师通过泄露隐私信息的方式构成侮辱罪而被追究刑事责任的先例。

三、律师泄露其他案件信息

案件信息，是指律师参与辩护或代理诉讼、仲裁案件中获取的案卷材料和其他关于案件情况的信息、材料。主要包含证据材料、诉讼文书、当事人信息等。在办案过程中，律师也不能将上述信息以外的

---

[1] 2020年12月26日发布的《刑法修正案（十一）》中将侵犯商业秘密罪中的"给商业秘密的权利人造成重大损失"修改为"情节严重"，将"造成特别严重后果"修改为"情节特别严重"。但关于该条款的司法解释是2020年9月14日发布的，其中仍使用"给商业秘密的权利人造成重大损失"和"造成特别严重后果"的表述，旧的司法解释未及时修改，但这一标准与修改后的法律规定并不矛盾，仍可适用。

[2] 最高人民法院刑事审判第一、二、三、四、五庭主办：《刑事审判参考（总第101集）》，法律出版社2015年9月版，第128页。

其他普通案件信息泄露和公开。案件信息当然也可以包括国家秘密、个人隐私和商业秘密。笔者所称的“其他案件信息”就是指国家秘密、个人隐私、商业秘密以外的其他信息。

《律师法》并没有相应的条文直接禁止泄露不涉及商业秘密、个人隐私、国家秘密的其他案件信息的行为，但笔者认为可以归入《律师法》第49条之（六）中“扰乱法庭、仲裁庭秩序，干扰诉讼、仲裁活动的正常进行的”行为中。理由是，“扰乱法庭、仲裁庭秩序”“干扰诉讼、仲裁活动”是两类并列的情况，前者是指法庭上的行为，后者是法庭外的行为，在法庭外干扰诉讼、仲裁活动的各种行为都可以归入这一条款，它可以包括律师任何泄露案件信息的行为。

《律师法》没有规定律师泄露不公开审理的案件信息的处理，但是，其他规范性文件中直接规定了律师庭外泄露案件秘密行为的禁止性条款。《律师执业管理办法》第43条规定“律师应当保守在执业活动中知悉的国家秘密、商业秘密，不得泄露当事人和其他人的个人隐私”，《律师协会会员违规行为处分规则（试行）》第25条禁止“违反规定披露、散布不公开审理案件的信息、材料，或者本人、其他律师在办案过程中获悉的有关案件重要信息、证据材料”，将不公开的案件信息与其他信息、材料并论，作等同处罚或者处分。根据2017年修订后的《律师办理刑事案件规范》规定，律师参与刑事诉讼获取的案卷材料，不得向犯罪嫌疑人、被告人的亲友以及其他单位和个人提供，不得擅自向媒体或社会公众披露。

根据上述文件，律师泄露其他案件信息又分为两类：一类是不公开审理案件的信息、材料；另一类是其他律师在办案过程中获悉的有关案件的重要信息、证据材料。

我国各大诉讼法都规定了公开审判原则及其例外，即有些案件不公开审理。以《刑事诉讼法》为例，《刑事诉讼法》第188条规定：“人民法院审判第一审案件应当公开进行。但是有关国家秘密或者个人隐私的案件，不公开审理；涉及商业秘密的案件，当事人申请不公开审理的，可以不公开审理。不公开审理的案件，应当当庭宣布不公开审理的理由。”只有禁止律师披露、散布不公开审理案件的信息、材料，才能达到不公开审理的目的。

而“其他律师在办案过程中获悉的有关案件重要信息、证据材料”中，常见的有委托秘密信息、案件证据和案件副卷。

（一）泄露委托秘密

律师保守职业秘密的理论基础研究最早源于英国法学家威格摩尔提出的“荣誉说”[1]，这种观点从律师自身的荣誉出发，认为律师作为绅士不应泄露他人秘密。其后，又有学者陆续提出“功利说”“隐私说”“人性说”等观点。在这些学说的基础上，现代法学界逐渐形成了“信赖说”的观点，这一观点认为委托人与律师之间是基于信任而建立的委托关系，而律师基于该信赖利益，需要对当事人保持忠诚。[2]

但律师的忠诚义务是保密义务的上位概念。律师的忠诚义务包括积极的忠诚义务和消极的忠诚义务，保守委托秘密的义务属于消极的忠诚义务。消极忠诚义务是一种最低限度的忠诚义务，它要求律师不出卖、不损害、不危及委托人的利益，不去从事不利于委托人的任何行为。[3]换言之，律师不得利用其在执业过程中所知悉的当事人秘密作出对委托人不利的行为，如公开委托人未被警方发现的犯罪证据等。忠诚义务是律师执业伦理中的首要义务，律师保守执业秘密的义务也源于此，因此探究律师保守委托秘密的学理基础应当首先从忠诚义务的角度出发。

所谓律师的忠诚义务，是指辩护律师应将维护嫌疑人、被告人的利益作为辩护的目标，尽一切可能选择有利于实现这一目标的辩护手段和辩护方法。律师对当事人的忠诚义务源于党派性和中立性的要

---

[1] Berd v. Lovelace［1577］ Cary 62.

[2] 陈效：《“律师—委托人”免证特权之理论探析》，《西部法学评论》2011 年第 3 期，第 104—108 页。

[3] 陈瑞华：《论辩护律师的忠诚义务》，《吉林大学社会科学学报》2016 年第 3 期，第 5—20 页。

求。党派性赋予了律师与当事人处于同一战线的道德正当性，要求律师用一切合法手段维护当事人的利益。[1]而中立性要求律师应当忠于法律，在合法的前提下不应考虑当事人的个人事务及其在特定行为上的道德判断，以促进其行动的道德性。党派性与中立性是紧密相连的，两者都要求律师以维护当事人的利益为核心。[2]律师的党派性是有先决条件的。

在忠于当事人的过程中，律师无法摆脱道德判断与评价，这使他们可能陷入职业伦理和道德伦理的冲突困境。一方面，律师为当事人提供法律服务所采取的一系列行为只需符合法律即可，有出现合于法律而违于道德的可能性；另一方面，当事人所追求的利益本身就具有道德属性，社会大众的评价也因当事人利益的道德性高低的不同而各异，而中立性却要求律师不受当事人道德好坏的影响。可见，律师既有基于职业伦理而形成的忠诚义务，又有有时违背道德伦理中的公益义务。目前国际上大致形成了处理忠诚义务与公益义务矛盾的三种规则模式，即完全忠诚模式、不完全忠诚模式和混合忠诚模式。

完全忠诚模式以美国为代表，它将辩护律师全面忠诚于当事人，以促使当事人利益最大化作为执业的基本准则。[3]依此规则，在当事人利益和大众利益出现冲突时，律师应当始终将委托人的利益置于首位，并可依当事人的意志灵活行事。不完全忠诚模式以德国为代表，它兼顾当事人利益和公共利益，为了维护被告人的利益，律师可以在辩护策略的安排上违背被告人的意志，当事人可以选择听从律师建议或者解除委托。[4]混合忠诚义务模式以日本为代表。日本早期奉行职权

---

1 Robert Justin Lipkin, “The Anatomy of Constitutional Revolutions” , *Nebraska Law Review*, Vol. 68, 1989, p.701.

2 William H. Simon, “Ethics, Professionalism, and Meaningful Work” , *Hofstra Law Review*, Vol. 26, 1997, pp. 445-476.

3 王兆鹏：《美国刑事诉讼法》，北京大学出版社 2016 年版，第 382—383 页。

4 ［德］克劳思·罗科信：《刑事诉讼法》，吴丽琪译，法律出版社 2003 年版，第 150 页。

主义，律师是“人权的维护者”[1]，具有一定的公益义务。二战后，日本引入了美国的当事人主义模式，开始强调维护委托人的利益，规定律师不负有帮助法院查清事实真相的义务，其各项诉讼活动都以忠诚义务为前提。[2]但在早期职权主义的影响下，追求真实的价值观对日本律师仍有影响，因而日本律师伦理呈现出混合忠诚模式的特点。

我国律师制度恢复重建40多年以来，律师的身份定位也发生了多次转变。律师的定位实现从“国家法律工作者”到“为社会提供法律服务的执业人员”，再到“为当事人提供法律服务的执业人员”的转变。2017年《律师办理刑事案件规范》还删除了“独立辩护人条款”，确立了“不得违背当事人的意愿提出不利于当事人的辩护意见”的规则。可见，我国律师的忠诚义务从原来偏向德国的“独立辩护人理论”逐步向美国的“尊重委托人意志论”转变，律师的忠诚义务不断强化。对此，有学者提出我国律师忠诚义务模式为“受限忠诚义务”[3]，即律师在履行对当事人忠诚义务的同时，还应当维护一定的公共利益。

在保密的限度方面，我国法律规定了律师应当保守委托秘密的要求，但对于委托人或者其他人准备或者正在实施危害国家安全、公共安全以及严重危害他人人身安全的犯罪事实和信息可不保密。可见，我国律师的忠诚义务仅限于已经发生的犯罪事实和信息，对于正在或者将要发生的犯罪事实和信息则要分情况讨论。

律师保守委托秘密既是一种权利，也是一种义务。就权利而言，这是律师—委托人之间的免证权，也即律师—委托人特权（attorney-client privilege）。它是指在诉讼中，即使律师具有证人的适格性，仍

1 ［日］佐藤博史：《刑事辩护的技术与伦理》，于秀峰、张凌译，法律出版社2012年版，第12页。

2 村岗启：《辩护人的作用及律师的伦理》，尹琳译，《外国法译评》1998年第2期，第28页。

3 刘译矾：《辩护律师忠诚义务的三种模式》，《当代法学》2021年第3期，第112—124页。

然能够就其因提供法律服务而从委托人处知悉的委托人的秘密信息拒绝作证。[1]在审判法庭上，或者在庭前会议、证据交换等法院程序中，可将信息区分为可公开和不可公开的信息、客户明示和默示授权公开的信息、律师有权自行决定公开和需要客户特别授权才能公开的信息。

就义务而言，律师没有委托人允许不得随意泄露委托秘密。相比律师通过积极的行为维护委托人的合法利益，保守委托秘密的义务属于忠诚义务中的消极行为。在刑事诉讼过程中，律师保守当事人的秘密属于当事人对律师基本的期待，否则两者之间的信任将无法建立，更遑论坦诚交流。如果当事人和律师之间无法有效建立信任，则不会向律师坦诚交代自己的全部行为，包括各种案件细节、证据、前因后果等，因为他会怀疑如果向律师坦白了自己的罪行，律师是否将这些证词或线索作为对自己的不利证据。如果不能全面了解整个案件的情况，将会给律师的辩护工作带来极大的阻碍，无法为犯罪嫌疑人提供有效的辩护，极有可能导致辩护制度的名存实亡。因此，律师保密义务不仅可以帮助其有效地厘清事实真相，提高辩护效率，更有利于保障被告人合法的辩护权，促进律师制度的长远发展和法制的健全。

律师的保密义务和特权在实践中常常引发律师伦理与大众伦理的冲突，将律师置于两难的境地。

纽约的“快乐湖遗尸案”（Lake Pleasant Bodies Case）作为美国律师职业伦理的第一案，就与律师的保密义务和公益义务密切相关。1973 年，机械师罗伯特 · 加罗（Robert Garrow）因杀害一名男性而被逮捕，弗兰克林 · H. 阿玛尼（Frank H. Armani）和弗朗西斯科 · 贝格利（Francis Belge）担任他的辩护人。加罗对两名辩护律师承认，他还奸杀了另外两名失踪女性，并透露了尸体的埋藏地点。两名律师根据这些信息，找到了两具尸体并拍下了照片。他们希望利用这两

[1] 王进喜：《律师职业秘密问题研究》，陈光中、姜伟主编：《诉讼法论丛》，法律出版社 1999 年版，第 307—327 页。

名失踪女性的下落换取对加罗的从轻发落，但被检察官拒绝。法庭上，加罗为替自己辩解，承认谋杀了包括这两名女性在内的四人。在法庭直接询问环节，贝格利向加罗问道："是我找到的那个吗？"暗示其在审判前就已知道死去的女性，在第二天的新闻发布会上他们也承认了此事。他们因保守这一秘密而遭到了全社会的非难和亲朋好友的疏远，还身陷刑事和道德指控。一个大众陪审团因发现贝格利在找到其中一具尸体时移动了尸体位置，对其提起了诉讼[1]，但被初审法院驳回。其中一位受害人的父母对两位律师提出了道德投诉，但该投诉最终也被纽约律师协会驳回。[2]两位律师的行为得到了法官和律师协会的一致认可，他们也因此被美国律师界视为英雄。

该案发生之后，1981年美国律师协会制定职业规则时即规定"允许律师披露委托人秘密，以阻止委托人实施律师认为有可能导致迫在眉睫的死亡或重大伤害的犯罪行为"[3]。1983年这一规则再次修改：允许律师披露委托人的秘密信息，以阻止合理的死亡和重大伤害。[4]由此可见，美国的完全忠诚模式正在受到限制，律师在维护委托人利益的同时也应当考虑社会公共利益。

律师因保守委托秘密而纵容冤假错案发生的案例也时有发生，艾特金案和洛根案就是这样的典型案例。

先来看艾特金（Daryl R. Atkins）案。1996年8月16日，艾特金和琼斯在抢劫一名男子后将其枪杀。史密斯合法引导琼斯作出了对艾特金不利的证词，艾特金的律师对这一过程完全不知情。作为琼斯的律师，受律师与委托人之间保密义务的限制，史密斯只能选择沉默，导致琼斯将直接杀人的责任推给了艾特金，艾特金可能面临被判

[1] People v. Belge, 83 Misc. 2d 186, 372 N.Y.S.2d 798 (Cnty. Ct. 1975).

[2] Opinion 479–02/28/1978 (33-74). By New York State Bar Association (Committee on Professional Ethics).

[3] (ABA) Proposed Final Draft Model Rules of Professional Conduct (May 30，1981), Rule 1.6 (B).

[4] (ABA) Model Rules, (Revised Synopsis) Rule 1.6 (B).

处死刑。[1] 一直到 10 年之后，史密斯再次向有关部门咨询，他被告知因其委托人琼斯不可能被判死刑，所以他可以说出真相。在他发声后，法官进行了重新审判，将艾特金的死刑改为了终身监禁。

再来看洛根（Logan）案。1982 年 1 月 11 日，安德鲁 · 威尔逊（Andrew Wilson）在一次抢劫中击中了一名麦当劳安保人员，但警察却误将洛根当成枪手。虽然洛根的亲人都证明案发时他正在家睡觉，但最终陪审团仍裁定他犯一级谋杀罪，被判处终身监禁。威尔逊对其律师承认他才是该案的真正枪手，虽然两位律师知道洛根是无辜的，但是基于律师—委托人的保密义务，只能保持沉默，他们将这个秘密放置在一个金属盒中。2007 年 11 月，两位律师在报纸上获悉威尔逊已经死亡，他们方才打开了金属盒，公布了这个秘密。2008 年 9 月检察院终于撤回了对洛根的指控[2]，此时他已经在监狱里面度过了 26 年。

由上述两个案例可见，律师一味遵守保密义务会引起许多道德争议，如何缓和律师保密义务和真实义务之间的冲突，是我们需要考虑的问题。

保障人权是刑事诉讼的价值追求，律师对委托人秘密的保守可视为在国家眼前目标与长远目标存在差异的情况下按照重要者优先的原则作出的选择，而非在个人利益和国家利益发生冲突后作出支持前者的安排。因此，对于已经发生的犯罪，律师一般应当为委托人保密。

但是，对于正在实施或者将要实施的犯罪，任何公民都有制止或者阻止其发生的义务，辩护律师也不例外。

同时，对于类似于“快乐湖遗尸案”等案件中，因为律师保密而冤枉他人情况的，以隐瞒委托人为真凶为前提，对他人的利益造成了重大损害，律师应当在不损害当事人利益的前提下，不再保守委托人秘密。也就是说，在委托人死亡的情况下，为了洗清正在或者已经被冤枉的人，律师有公开委托人秘密以为证明案件真相提供证据的义务。

---

[1] In re Commonwealth, 278 Va. 1, 5, 677 S.E.2d 236, 237, 2009 Va. LEXIS 78, *1.

[2] Logan v. City of Chi., 891 F. Supp. 2d 897.

国外立法中将委托秘密视为职业秘密的一种，大陆法系国家或地区普遍地规定了泄露职业秘密罪，如德国、法国、意大利、日本、我国台湾地区都有相关规定。

德国《刑法》第203条规定："律师、室内法律顾问、专利律师、公证员、法律规定程序中的辩护律师、审计师、宣誓会计师、税务顾问、税务代理或律师、专利律师、审计师、会计师或税务顾问公司的机关或成员等未经授权披露他人秘密的（即属于个人生活领域或贸易、商业领域的秘密），或以其他方式得知的，应处以不超过一年的监禁或罚款。"[1]

法国《刑法》第226-13条规定："因其身份或职业，或因其职能或临时任务而掌握秘密信息的人，如果泄露秘密信息，将被处以一年监禁和15000欧元的罚款。"[2]

意大利《刑法》第622条规定："任何人在因其身份、职务、职业或技艺原因获悉秘密后，无正当理由泄露，或者为自己或他人的利益而加以利用的，如果该行为可能造成损害，处最高一年的监禁或30至516欧元的罚款。"[3]但本罪在意大利属亲告罪，受害人告诉才处理。

日本《刑法》第134条规定："医生、药剂师、医药品销售业者、助产师、律师、辩护人、公证人或者曾经从事此类职业的人，没有正当理由，泄露因其业务活动而知悉他人秘密的，处六月以下有期徒刑或者十万日元以下罚金。"[4]本罪也属亲告罪，告诉才处理。[5]

我国台湾地区"刑法"第316条泄露业务秘密罪规定："医师、药

---

1 Strafgesetzbuch (StGB), § 203 Verletzung von Privatgeheimnissen 1.

2 Code pénal (Version en vigueur au 08 août 2021), Article 226-13.

3 DISPOSIZIONI DI ATTUAZIONE DEL CODICE PENALE (2021R.D. 601-1931). Art. 622.

4 参见日本《刑法》（明治四十年法律第四十五号，平成三十年法律第七十二号による改正），第一百三十四条。

5 参见日本《刑法》（明治四十年法律第四十五号，平成三十年法律第七十二号による改正），第一百三十五条。

师、药商、助产士、心理师、宗教师、律师、辩护人、公证人、会计师或其业务上佐理人，或曾任此等职务之人，无故泄漏因业务知悉或持有之他人秘密者，处一年以下有期徒刑、拘役或五万元以下罚金。”

任何权利和义务都是相对的，律师的保密义务也不能绝对化，需要与其他利益平衡。我国《律师法》第 38 条[1] 规定，一般情况下，律师对在执业活动中知悉的委托人和其他人不愿泄露的有关情况和信息应当保密，但是，对于正在实施或者将要实施的犯罪，任何公民都有制止或者阻止其发生的义务，辩护律师也不例外。

律师泄露委托秘密行为有些属于《律师法》第 48 条第（四）项规定的“泄露商业秘密或者个人隐私的”违法行为，根据《律师和律师事务所违法行为处罚办法》第 13 条[2] 进一步明确，如果泄露的内容属于商业秘密或者个人隐私，应当按照前述泄露商业秘密或者个人隐私的规范进行处理。但是，如果涉及的是“其他不愿泄露的情况和信息”，则只能按照泄露普通案件信息行为的方式进行处理。

但是，在我国至今没有律师因披露、散布在执业中知悉的委托人或者其他当事人的已经发生的违法犯罪信息而受到处理的情况。

（二）泄露案件证据和副卷

泄露案件证据，即指将能够证明案件事实的材料泄露给不特定的人所知晓。一般情况下，律师披露刑事证据不具有刑事违法性，多以违反行政法规和行业规范为由受到行政处罚和行业处分。2021 年《关

[1]《律师法》第 38 条第 1 款规定：“律师对在执业活动中知悉的委托人和其他人不愿泄露的有关情况和信息，应当予以保密。但是，委托人或者其他人准备或者正在实施危害国家安全、公共安全以及严重危害他人人身安全的犯罪事实和信息除外。”

[2]《律师和律师事务所违法行为处罚办法》第 13 条规定：“律师未经委托人或者其他当事人的授权或者同意，在承办案件的过程中或者结束后，擅自披露、散布在执业中知悉的委托人或者其他当事人的商业秘密、个人隐私或者其他不愿泄露的情况和信息的，属于《律师法》第四十八条第四项规定的‘泄露商业秘密或者个人隐私的’违法行为。”

于禁止违规炒作案件的规则（试行）》第5条和第6条将禁止泄露的信息分为两大类：案件信息和庭审信息。[1]其中第5条规定："公开审理的案件，承办律师不得披露、散布通过会见、阅卷、调查取证等执业活动获取的可能影响案件依法办理的重要信息、证据材料。不公开审理的案件，承办律师不得披露、散布案件信息、材料，但法律准许公开的除外。"案件证据和副卷都属于不应当公开的案件信息的范围。

从时间来看，律师公开证据的时间不同引起的后果也不同。律师公开案件证据的时间在侦查过程中、审查起诉过程中、审判过程中和审判结束后都有。从结果上来看，对于一般的案件，因为审判过程中所有的证据都经过了公开质证，判决书也需公开上网，律师可以向当事人及其近亲属公开证据，但是律师不能将证据向社会公开。

2018年3月4日，《最高人民法院关于人民法院通过互联网公开审判流程信息的规定》公布，自2018年9月1日起实施。这一规定推进了中国诉讼档案的公开，其中第10条规定："庭审、质证、证据交换、庭前会议、调查取证、勘验、询问、宣判等诉讼活动的笔录，应当通过互联网向当事人及其法定代理人、诉讼代理人、辩护人公开。"第11条规定："当事人及其法定代理人、诉讼代理人、辩护人申请查阅庭审录音录像、电子卷宗的，人民法院可以通过中国审判流程信息公开网或者其他诉讼服务平台提供查阅，并设置必要的安全保护措施。"上述规定实现了庭审诉讼笔录、庭审录音录像、电子卷宗向当事人及其辩护人和代理人公开。公开内容由节点信息向实体材料进一步延伸，促进了审判流程信息公开的实质化。但是，这一规定要求"设置必要的安全保护措施"，意味着证据公开的对象只能是"向当事人及其法定代理人、诉讼代理人、辩护人公开"，范围只能是"庭审、质证、证据交换、庭前会议、调查取证、勘验、询问、宣判等诉讼活动的笔录"，律师向社会公开证据仍然是被禁止的，律师应当谨守在任何诉讼阶段及诉讼后不公开证据的要求。

[1]《关于禁止违规炒作案件的规则（试行）》第5条、第6条。

副卷作为刑事诉讼过程中的重要文书，也属于涉密信息，不能随意公开。

司法实务中，侦查、起诉和审判各阶段都会形成相应的案卷。一审审判案卷由侦查卷、诉讼卷、副卷组成。其中，一审的诉讼案卷包括起诉书、庭审笔录、律师辩护意见、宣判笔录、判决书等。而法院合议庭的记录、判决签发文稿、审判委员会对案件的讨论笔录等内容则被收录在副卷中。侦查卷和诉讼卷属于可以公开查阅的范围，但是副卷则不可公开查阅，仅限法院内部查阅。

目前我国侦查、检察、审判三机关都有制作副卷的传统。本书在此仅以法院的副卷制度为例展开讨论。

副卷的材料[1]非因工作需要，又未经本院领导批准，任何单位和个人不得查阅。[2]“副卷保密，严禁外泄”是一项重要的工作纪律。副卷中的材料属于审判秘密，只限法院内部使用。当事人、诉讼代理人去法院可以查阅正卷，但严禁查阅副卷。

我国法院诉讼案卷采用正卷与副卷分立的做法由来已久。1957 年《最高人民法院、司法部关于律师参加诉讼中两个具体问题的批复》中指出，辩护律师有权查阅全部案卷材料，但评议记录当事人及辩护人不能阅览，评议记录可另本装订、附卷。1984 年最高人民法院的《人民法院诉讼文书立卷归档办法》、1990 年最高人民法院《关于保守审判工作秘密的规定》、2011 年最高人民法院的《最高人民法院立案二庭关于规范法官和律师关系的暂行规定》均坚持了副卷作为审判秘密的定位以及对外保密的原则。2015 年最高人民法院下发的《人民法院落实〈领导干部干预司法活动、插手具体案件处理的记录、通报和责任追究规定〉的实施办法》（以下简称《实施办法》）规定，人民法

---

1 法院副卷的内容主要包括案件的请示、批复、领导的批示，有关单位的意见，合议庭评议案件的记录，审判委员会讨论案件的记录，案情报告以及向有关法院、有关单位征询对案件的处理意见等书面材料，必须装订在副卷内。

2 最高人民法院：《最高人民法院关于保守审判工作秘密的规定》（1990 年 9 月 5 日）第 6 条。

院内部监督和指导中形成的批示、函文、记录等资料存入案卷备查。以上内容实质上就是副卷的内容。

律师通常无法得知副卷的内容，如果其能知晓法院副卷的内容，多是因为审判工作人员的故意或者不慎泄露。所以，泄露副卷的主体应当是可以接触到副卷的国家机关工作人员以及通过其他合法途径得知副卷内容的非国家机关工作人员，审判机关工作人员公开副卷属于泄露审判秘密的行为。根据《关于保守审判工作秘密的规定》，法院工作人员造成泄密、失密的，应视不同情况，依照有关规定，给予党纪、政纪处分，情节严重的，依法追究刑事责任。《关于保守审判工作秘密的规定》针对的是法院的工作人员，律师公开副卷的行为不能用该法进行规制。也就是说，对于案件副卷，如果没有认定为国家秘密，并不当然属于国家秘密的范围。对律师公开副卷的处理方式只能与公开正卷的处理方式相同，也与前述公开证据材料的处理方式相同。

（三）泄露案件其他信息的行为

行政违法性。如前所述，泄露普通案件信息行为可以归入《律师法》第 49 条“干扰诉讼、仲裁活动的正常进行”的行为中，因此，《律师执业管理办法》（2016）第 53 条规定，违规泄露案件信息，依照《律师法》第 49 条相关规定予以行政处罚。

职业违纪性。《律师协会会员违规行为处分规则（试行）》（2017）第 25 条规定：“违反规定披露、散布不公开审理案件的信息、材料，或者本人、其他律师在办案过程中获悉的有关案件重要信息、证据材料的，给予通报批评、公开谴责或者中止会员权利六个月以上一年以下的纪律处分；情节严重的，给予取消会员资格的纪律处分。”2021 年《关于禁止违规炒作案件的规则（试行）》第 6 条[1]将“未经公开的

[1]《关于禁止违规炒作案件的规则（试行）》第 6 条规定：“未经法庭许可，案件承办律师不得对庭审活动进行录音、录像、摄影，或者对外传（直）播庭审情况；不得通过接受采访、撰写文章、发表评论或者其他方式，对外披露未经公开的庭审细节和情况。”

庭审细节和情况”纳入禁止公开的范围。

泄露普通案件信息，可以根据情况进行上述行政处罚或者行业纪律处分。同时，《刑法修正案（九）》还新增了泄露不应公开的案件信息罪和披露、报道不应公开的案件信息罪，对于泄露依法不公开审理的案件中不应当公开的信息，情节严重的，可以依法追究刑事责任。

《刑法》第308条规定：“司法工作人员、辩护人、诉讼代理人或者其他诉讼参与人，泄露依法不公开审理的案件中不应当公开的信息，造成信息公开传播或者其他严重后果的，处三年以下有期徒刑、拘役或者管制，并处或者单处罚金。”“公开披露、报道第一款规定的案件信息，情节严重的，依照第一款的规定处罚。”

《刑法》将构成该罪的主体限定为“司法工作人员、辩护人、诉讼代理人或者其他诉讼参与人”，泄露的案件信息要符合“不应公开审理的案件中”且属于“不应公开的信息”才能成为本罪的犯罪对象。也就是说，不应公开审理的案件中并非所有信息都是不能公开的，比如可以公开查询的案件流程信息就属于可以公开的范围。但是具体到何种信息属于不应公开的信息则存在多种解读，相关法律规范的规定也较为零散、混乱。

《律师法》第38条规定律师应当保守在执业活动中知悉的国家秘密、商业秘密、个人隐私。《关于依法保障律师执业权利的规定》第14条规定，案件重要信息和案卷材料不得随意公开和散布。《律师参与刑事诉讼办案规范（试行）》第44条规定，律师摘抄、复制的材料应当保密，不得随意公开。此外，《未成年人保护法》还规定不得非法披露未成年人案件的相关信息。由上可见，“不应公开的信息”包括国家秘密、商业秘密、个人隐私、未成年人信息、庭审视频和照片、案卷材料。

《刑法修正案（九）》第308条之一第4款规定了披露、报道不应公开的案件信息罪：“公开披露、报道第一款规定的案件信息，情节严重的，依照第一款的规定处罚。单位犯前款罪的，对单位判处罚金，并对其直接负责的主管人员和其他直接责任人员，依照第一款的规定处罚。”从法条来看，本罪的犯罪主体为一般主体，诉讼案件诉讼参与人的亲属、媒体记者容易触犯本罪名，其他获取了依法不公开审理的案件中不应当公开的信息的一般公民也可以构成本罪。泄露不应公开的案件信息罪和披露、报道不应公开的案件信息罪的根本区别在于主体不同，前者的主体是司法工作人员和诉讼参与人，后者的主体是司法工作人员和诉讼参与人以外的人。律师泄露依法不公开审理的案件中不应当公开的信息的，显然只能构成前罪。

上述两个罪名如果同时触犯泄露国家秘密罪、侵犯商业秘密罪、（因泄露个人隐私而构成）侮辱罪的，应当按照一般牵连犯的处罚原则，择一重罪处罚。如果仅仅因为泄露隐私或者案件秘密而不构成上述犯罪、情节严重的，则按照主体的不同情况，依照泄露不应公开的案件信息罪和披露、报道不应公开的案件信息罪定罪处罚。

本章小结

我国对律师的泄密行为采取了针对不同对象进行不同方式处理的综合治理措施。对律师泄露国家秘密、泄露个人隐私、泄露商业秘密、泄露依法不公开审理的案件中不应当公开的信息的，既可以进行行政处罚、行业纪律处分，构成犯罪的也可以追究刑事责任。对于律师泄露其他案件信息行为，不涉及上述犯罪的，可以进行行政处罚和纪律处分。

对于律师泄露委托秘密行为的例外规定还需要完善。《律师法》第 38 条规定：“律师对在执业活动中知悉的委托人和其他人不愿泄露的有关情况和信息，应当予以保密。”其例外规则是“委托人或者其他人准备或者正在实施危害国家安全、公共安全以及严重危害他人人身安全的犯罪事实和信息除外”。这一条对于“委托人和其他人”过去的违法犯罪行为实际上要求“应当予以保密”，但是，如果律师发现“委托人和其他人”是过去一个犯罪行为的实施者（如发现了真凶），而这时司法机关正在进行对他人的错误追诉、冤枉一个好人，律师这时应当如何处理，法律没有规定。笔者建议，法律应当遵循利

压，甚至知法犯法，制造并传播网络谣言。根据谣言针对的对象，可以分为以下两类。

（一）攻击国家、政府

这类行为以攻击国家制度为目的，以煽动性的语言恶意损害国家形象、诋毁执政党的执政能力等，从而导致民众对国家机关和执政党产生信任危机，危害国家政权的稳定。

2015 年 5 月，黑龙江发生“庆安事件”[1]，民警依规合法开枪，却被一个分工精细的“维权律师”和推手团队炒成“枪杀访民”事件。该团队以北京某律师事务所主任周某锋为核心层，以王某律师等人为行动决策层，以刘某等访民为跟风上访层，形成了层级严密的“维权”炒作团队。他们在境外势力的支持下，意图把敏感案件炒作成政治案件，以“维权”、表演“行为艺术”等为幌子，采取在公共场所非法聚集、起哄闹事，在信息网络上辱骂他人、散布虚假信息等方式，炒作多起热点案件和事件，抹黑国家机关，攻击宪法所确立的国家制度，实施了一系列颠覆国家政权、推翻社会主义制度的犯罪活动，严重危害国家安全和社会稳定。其中，网名为“超级低俗屠夫”的吴某是多起敏感案件中出谋划策、冲锋陷阵的先行者，他是律所主任周某锋专门聘请的行政助理，虽不具有律师身份，但在律所却有着“独特地位”，不仅享有高薪并且还有专门的“活动经费”，是周某锋的“左膀右臂”。[2] 2016 年 8 月 4 日，周某锋因犯颠覆国家政权罪，被判处有期徒刑 7 年，剥夺政治权利 5 年。[3] 2017 年 12 月 27 日，吴某

---

[1] 庆安事件：2015 年 5 月 2 日下午，黑龙江省庆安县男子徐纯合在该县火车站候车室因与庆安站派出所民警发生冲突后，不听民警劝阻抓住一名 5 岁儿童向执勤民警抛摔，抢走民警携带的警具并抢夺枪支，被民警开枪击毙。

[2] 黄庆畅：《揭开“维权”事件的黑幕》，《人民法院报》2015 年 7 月 15 日，第 1 版。

[3] 李阳：《“死磕律师”代表人物的黯然结局》，《人民法院报》2016 年 8 月 5 日，第 1 版。

以颠覆国家政权罪，被判处有期徒刑 8 年，剥夺政治权利 5 年。[1] 参与该团体的其他律师和人员也纷纷落网并受到处罚。

2017 年 7 月，杭州市律师吴某某因发表危害国家安全的言论被处以停止执业 9 个月。处罚决定书显示，他在新浪微博、博客等平台发表了“再大的谣还不如人民日报”“希特勒也是坚持社会主义的”“司法行政部门就是要杀光所有的优秀律师，留下一帮子听他们话的走狗”等没有事实根据的言论，诋毁、攻击司法机关和政府部门，挑动民众对党和政府的不满，公开发表反对国家立场和外交大政方针的言论，危害国家安全利益。[2]

2020 年 3 月，郑州刘某某律师在其本人的微信公众号“莹莹观世界”发表了一篇题为“今天，领骨灰盒的家属排起了长长的队伍”的文章，利用网络炒作未经核实的现象，散布挑动对政府不满的言论。文章阅读量 50 多万人次，转发 1 万多人，留言超 4000 人，造成了一定范围的不良影响。[3]

（二）攻击司法机关

这类言论的主要内容为利用社会上对司法机关不信任的心理，捏造司法机关违法办案的事实，攻击司法机关和司法人员。

目前，已被封号的杨某某律师于 2007 年 8 月 5 日在新浪网开设博客，自称“体制外天下第一死磕律师”，封号之前，在一段时期内其开设在新浪网的个人博客被点击量位居第一，甚至被《中国经营报》称为法律人士第一“牛博”。在“袁某某涉黑案”中，他在网上疯狂散布“袁某某案是辽宁省公检法联手构陷的冤案”，称“要与辽

1 刘岚：《吴淦颠覆国家政权案一审公开宣判》，《人民法院报》2017 年 12 月 27 日，第 3 版。

2 《警示！这些律师因发表不当言论被处罚或处分！》，https://mp.weixin.qq.com/s/UR41j0oR4Rx9QbulW6nF_w，访问日期：2021 年 7 月 15 日。

3 《律协处分发表“不当言论”的律师，适用规则却明显错误，法科生能忍吗？》，https://mp.weixin.qq.com/s/JF5r2INNlyWp-Csv6_h8OQ，访问日期：2021 年 7 月 15 日。

宁省高院缪蒂生院长和周强院长死磕到底”。袁某某家属三番五次发表书面声明，严厉斥责杨某某的行为，指出杨某某借机炒作，从中渔利，抬高自己，不顾当事人利益。4年后的2018年，杨某某因“包头忻华强案”和“杭州保姆案”，攻击、诋毁司法机关和司法制度，以不正当方式影响法院依法办理案件而被湖南省司法厅吊销律师执业证书。[1]

再如，河南一名律师因造谣当事人而被起诉。2016年，赵某因涉嫌犯罪被逮捕，其家人为其聘请任某牛律师担任她的辩护人，但因赵某在看守所已聘请了其他律师，因此看守所并未让任某牛会见当事人，气愤之下，任某牛在微博上发布“赵某在天津看守所遭遇人身侮辱”，并在接受境外媒体采访时发表“赵女士在被羁押期间遭遇性侵且这种情况在国内看守所很普遍，而且导致有的女在押人员怀孕”等不实言论，严重侵犯了当事人的名誉权，同时也破坏了律师行业的形象和国家机关的公信力。事后，赵某被取保候审出来后得知此事，愤怒至极，指责他“简直太不可思议，也实在太不可理喻了”，后赵某对任某牛律师提起了诉讼。[2]

以上种种都是律师庭外散布网络谣言的例子，他们发表的虚假信息严重破坏了党和国家的形象、损害司法秩序。

二、律师言论真实性要求的理论基础

现有理论中，鲜见对辩护律师言论真实性要求理论基础的系统解释。结合法理学的原理及立法精神，可将律师言论真实性要求的理论基础分为三方面：辩护律师的角色定位；诚实信用的价值取向；司法权威的必然要求。

---

1 参见《湘司罚决〔2018〕8号行政处罚决定书》，https://www.sohu.com/a/235011564_260282，访问日期：2021年5月17日。

2 刘盛钱：《任全牛律师亲笔致歉信：后悔诋毁“考拉”和民警》，http://news.sohu.com/20160716/n459586021.shtml，访问日期：2021年7月15日。

（一）辩护律师的角色定位

我国《律师法》规定的辩护律师的基本职责是“根据事实和法律，提出犯罪嫌疑人、被告人无罪、罪轻或者减轻、免除其刑事责任的材料和意见，维护犯罪嫌疑人、被告人的合法权益”[1]，可见“维护当事人的合法权益”是律师的核心职责。但是律师维护的是当事人的合法权益，通过发表虚假言论妨碍公正司法的进行，明显有违律师的基本职业伦理道德。

就其社会责任而言。首先，律师在履行对当事人忠诚义务的同时，还要意识到其维护当事人利益的活动会受到限制，即不能以维护当事人利益为借口从事一些违法活动或者违反公益的不当行为，应当维护法律的正确实施。其次，律师还承担着“维护社会公平和正义”的职责。这里的公平和正义不是以牺牲当事人利益为代价的公平和正义，而是在尽职尽责维护当事人利益的前提下，还要“维护社会公平和正义”，而律师言论真实性是维护公平正义的基本要求。

（二）诚实信用的价值取向

诚实信用原则是市场经济交往活动中形成的基本道德准则。诚信原则已经成为现代民法中的“帝王条款”。律师的诚信具有独特的价值。在中国几千年的封建社会中，并未真正形成过现代意义上的律师制度，这虽然与封建专制统治有一定关系，但是更为重要的原因是“讼师”并未确立起应有的诚信形象。在大众心中，讼师就是为名利空要嘴皮功夫、颠倒黑白的奸诈形象。正如春秋末期著名的讼师邓析所说，讼师“以非为是，以是为非，是非无度，可与不可日变，所欲

[1] 参见《律师法》（2017 年修正）第 31 条：“律师担任辩护人的，应当根据事实和法律，提出犯罪嫌疑人、被告人无罪、罪轻或者减轻、免除其刑事责任的材料和意见，维护犯罪嫌疑人、被告人的诉讼权利和其他合法权益。”

胜因胜，所欲罪因罪”[1]。显然，这种完全违背客观事实的“巧辩”，背离了法治的基本精神。

毋庸讳言，现实中确实存在少数律师无视诚信原则，在各种网络平台发表虚假言论，或以春秋笔法误导公众，用虚假舆论造势，干扰司法的正常秩序。这不仅破坏了律师的诚信形象和声誉，也不利于律师职业的进一步繁荣和发展。

（三）司法权威的必然要求

司法权威作为一种特殊的权威类型，是指司法在社会生活中所处的令人信从的地位和力量。[2]辩护律师言论真实性的要求有助于维护司法权威，辩护律师发表真实言论有利于增加民众对司法的信赖。在刑事辩护过程中，如果辩护律师只关注当事人利益的实现，而采用不择手段的方式发表虚假言论，将会对法庭审理及裁判产生严重误导，其本质上是对法庭尊严的严重蔑视，严重贬损司法权威。“辩护人使用的武器应当是战士的武器，而绝不是暗杀者的武器。辩护人为了实现他的当事人的利益，应当使用堂堂正正的手段，而不应当使用暗器搞突然袭击。”[3]而辩护律师不得发表虚假的庭外言论既是维护诉讼公正的要求，也是增强社会大众对司法的信赖和认可的基本要求。

三、律师言论真实性要求的国际准则与域外规则

律师言论应当真实可靠，律师不得对法庭说谎，更不得通过在庭外发布虚假言论的方式干扰司法，这既是国际准则的要求，也是各国律师职业伦理规则的基本要求。

[1] 参见《吕氏春秋·审应览·离谓（之四）》。

[2] 陈光中、肖沛权：《关于司法权威问题之探讨》，《政法论坛》2011年第1期，第3页。

[3] ［日］佐藤博史：《刑事辩护的技术与伦理》，于秀峰、张凌译，法律出版社2012年版，第40页。

（一）律师言论真实性要求的国际准则

联合国《关于律师作用的基本原则》第 23 条指出，律师“与其他公民一样”有言论自由，但“律师在行使这些权利时，应始终遵照法律和公认准则以及按照律师的职业道德行事”。[1]第 12 条、第 15 条还规定，律师应随时随地保持其作为司法工作重要代理人这一职业的荣誉和尊严。[2]国际准则没有直接提出律师言论的真实性要求，但“不能说谎”应当是律师的基本职业道德。

《欧洲律师职业规范》对律师言论真实性的要求体现在律师对法庭的真实义务和个人宣传的真实。该规范第 2.6.1 条规定：“律师有权将他的服务告知公众，前提是该信息准确无误且不带误导性，并尊重保密义务和其他职业核心价值。”[3]“准确无误且不带误导性”这一要求可以概括为律师的“言论真实性要求”。

（二）律师言论真实性要求的域外规则

与国际规则相比，各国的法律规范中，对律师言论真实性要求有着更为细致的规定。

《美国律师协会职业行为示范规则》规则第 8.4 条将律师“从事涉及不诚实、欺诈、欺骗或虚假陈述的行为”列为不当行为[4]，违者将可能受到行业处分或承担刑事责任。律师言论真实性的要求包括庭内言论和庭外言论。在法庭上，规则第 3.3 条规定：“律师不得故意向裁判庭作出虚假的事实或法律陈述，或者未能纠正律师先前向裁判庭作出的重大事实或法律的虚假陈述。”[5]对法庭外的人，规则第 4.1 条规定律

1 U. N. Doc. A/CONF. 144/28/Rev. 1 at 118 (1990). 23.

2 U. N. Doc. A/CONF. 144/28/Rev. 1 at 118 (1990). 12 and 15.

3 Charter of Core Principles of the European Legal Profession and Code of Conduct for European Lawyers (2019). 2.6.1 Personal Publicity.

4 ABA Model Rules of Professional Conduct (2020), Rule 8.4 (c).

5 ABA Model Rules of Professional Conduct (2020), Rule 3.3 (a).

（ambiguity）。[1] 负责过马萨诸塞州公共安全委员会谣言控制工作的罗伯特·H. 诺普（Robert H. Knapp）将谣言定义为“一种旨在使人相信的主张，它与特定的时事相关联，在未经官方证实的情况下广泛流传（a proposition for belief of topical reference disseminated without official verification）”。[2] 沃伦·A. 彼得森（Warren A. Peterson）和诺尔·P. 吉斯特（Noel P. Gist）认为谣言是“一种对未经证实的事件的叙述或诠释”，它“流传于人与人之间且与公众关注的对象、事件或问题密切相关”。[3] 这三种定义都较为相似，可见早期美国学者对谣言的认识较为统一，均认为谣言至少应当包含以下几个特质：

（1）谣言是一种信息，它力图获取人们的信任。虽然囿于时代的局限性，早期的学者们未能对谣言的流传方式得以有效的预见，但这并不妨碍对谣言是一种在“人与人之间”流传的信息这一本质的认识，这区别于那些只为使人发笑的幽默故事（humor）。[4] 此外，三种定义都同意“谣言竭力使人相信”某一事实。

（2）谣言是一种与时事相关的信息。谣言需要与人们眼下特定的生活产生联系，并因这种联系可能给人们的生活带来直接或间接的影响。反之，如果谣言不具有时事性，即使是未经证实的消息，大范围传播也无碍于人们的正常生活。[5] 这就将谣言与诸如盘古开天、女娲补天、夸父追日等神话或传说（myth or legend）区别开来。

---

[1] Gordon W. Allport and Leo Postman, “An Analysis of Rumor” , *The Public Opinion Quarterly*, Vol. 10， No. 4 (Winter), 1946-1947, pp. 501-517.

[2] Robert H. Knapp, “A Psychology of Rumor ” , *The Public Opinion Quarterly*, Vol. 8, 1944, pp. 22-37.

[3] Warren A. Peterson & Noel P. Gist, “Rumor and Public Opinion” , *American Journal of Sociology*, Vol. 57, Sep.1951， pp. 159-167.

[4] Robert H. Knapp, “A Psychology of Rumor” , *The Public Opinion Quarterly*, Vol. 8, Spring 1944, pp. 22-37.

[5] Robert H. Knapp, “A Psychology of Rumor” , *The Public Opinion Quarterly*, Vol. 8, Spring 1944, pp. 22-37.

（3）谣言是未经证实的信息。三种定义并未将“是否真实”作为谣言的判断标准，只是提及谣言的“未经证实性”。事实上，为解释谣言的定义，他们在后续所列举的例子中，都是就那些虚假的谣言而展开陈述。[1]

从20世纪60年代开始，西方的谣言研究摆脱了二战时期的控制模式，学者们对谣言有了新的定义：“谣言是一群人在议论过程中产生的即兴新闻”[2]，是“在社会群体中流传的有关当前时事的信息”[3]，“体现人们对现实世界如何运转的假设的公共传播”[4]，“未经官方公开证实或者已经被官方辟谣的信息”[5]。21世纪初，谣言研究领域的集大成者迪丰佐（DiFonzo）和波迪亚（Bordia）认为，“谣言是在模糊或危险情境下产生的未经证实却正在流传的工具性的说法”。[6]在今天，西方学者多认为谣言并不必然含有贬义的内涵，反之，它应当是一个中性词语，同时也是一种具有研究价值的社会舆论。

中国近现代研究谣言的先驱陈雪屏先生对谣言的研究兴趣也始于战争，他认为“普通的见解以不可信或不真实作为谣言唯一的根据，与其他语言文字的报告相别”[7]。虽然“不可信”这一标准具有较强的主观性和模糊性，但陈雪屏并未将真实性作为判定谣言的唯一标准。即使谣言人为的补充与改造居多，但也并非全无依据。

---

1 ［法］让－诺埃尔·卡普费雷：《谣言：世界最古老的传媒》，郑若麟译，上海人民出版社2008年版，第3—4页。

2 Tamotsu Shibutani, *Improvised News: A Sociological Study of Rumor*, New York: Irvington Publishers, 1966, p.2.

3 Edgar Morin, Rumour in Orléans, London: Pantheon Books, 1971，p. 11.

4 Ralph L. Rosnow, “Rumor as Communication: A Context list Approach” , *Journal of Communication*, Vol. 38，March 1988，pp.12–28.

5 ［法］让－诺埃尔·卡普费雷：《谣言：世界最古老的传媒》，郑若麟译，上海人民出版社2008年版，第15页。

6 Nicholas DiFonzo & Prashant Bordia, “Rumor Psychology: Social and Organizational Approaches,” *American Psychological Association*, 2007, p.13.

7 陈雪屏：《谣言的心理学》，商务出版社1939年版，第4—5页。

会学意义去分析理解，但在法律语义下，谣言和虚假信息可视为同义。孙万怀主张基于限制学解释立场，在刑法语义下，“谣言”和“虚假信息”可视为同义[1]，赵远也认为司法解释中的“虚假信息”应界定为“没有根据”且与“事实不符”的消息。[2]苏青也同意这一观点。[3]廖斌认为在刑法语义下，网络谣言即指网络虚假信息，但谣言概念本身在词源上具有模糊性，建议在立法上不要将同一含义的内容使用不同词语来表达，要将“网络虚假信息”替换“网络谣言”这一概念。[4]可见，虽然学者们从汉语语义上解读谣言的概念存在差异，但从法律语义上解读，大部分将“谣言”和“虚假信息”视为同义。

本文也同意第三种观点，谣言和虚假信息应当可视为同义。理由如下：

第一，现代中文语义下的谣言具有负面含义和贬义，一般情况下并非可以与“传言”等同的中性词语。“造谣”总是与“生事”“搬弄是非”等负面信息联系在一起，将谣言定义为虚假信息符合现代中文的语言习惯，易于被人们理解。

第二，在法律上，谣言与虚假信息是一回事。因为这不是一个哲学问题，而是一个现实的法律事实问题。这里的法律事实，其认定的标准在于其在现实中有没有可以查证的依据，而不是从长远来看、从哲学真理来看是不是事实，这与刑法维护社会秩序功能的目的一致。捏造、传播未经证实的信息同样具有严重社会危害性，将其认定为虚假信息符合立法目的。以哲学上的真实标准作为法律事实的认定标准，不具有可操作性。

---

[1] 孙万怀、卢恒飞：《刑法应当理性应对网络谣言——对网络造谣司法解释的实证评估》，《法学》2013 年第 11 期，第 3—19 页。

[2] 赵远：《秦火火网络造谣案的法理问题研析》，《法学》2014 年第 7 期，第 82—89 页。

[3] 苏青：《网络谣言的刑法规制：基于〈刑法修正案（九）〉的解读》，《当代法学》2017 年第 1 期，第 15—26 页。

[4] 廖斌、何显兵：《论网络虚假信息的刑法规制》，《法律适用》2015 年第 3 期，第 37—42 页。

第三，从我国《刑法》和《治安管理处罚法》的法条描述来看，法律对于“谣言”和“虚假信息”也是同一概念，二者含义相同。

使用“谣”这一概念的罪名有煽动颠覆国家政权罪、战时造谣扰乱军心罪、战时造谣惑众罪。[1]使用“虚假信息”这一概念的罪名包括编造、故意传播虚假信息罪，编造、故意传播虚假恐怖信息罪，编造并传播证券、期货交易虚假信息罪以及网络谣言型寻衅滋事罪。[2]损害商业信誉、商品声誉罪[3]中使用了“捏造并散布虚伪事实”的提法，另外，诽谤罪还规定其行为特征是“捏造事实诽谤他人”。[4]

在传统的军事类犯罪中，立法使用了“造谣”这一词来描述罪状，笔者认为，原因在于立法当时中国社会并没有“虚假信息”这一提法，同时，为了罪名的简练，立法者直接将生活中的俗语用于罪名，“造谣”这一词语的含义仍然是“编造、故意传播虚假信息”。

编造、故意传播虚假信息罪的本质与谣言型寻衅滋事行为在本质上是相同的。行政处罚规范也使用了“谣言”一词。《治安管理处罚法》第 25 条第 1 款规定“散布谣言，谎报险情、疫情、警情”将可

---

[1]《刑法》第 105 条第 2 款规定：“以造谣、诽谤或者其他方式煽动颠覆国家政权、推翻社会主义制度的，处五年以下有期徒刑、拘役、管制或者剥夺政治权利；首要分子或者罪行重大的，处五年以上有期徒刑。”

[2]《网络诽谤问题的司法解释》第 5 条第 2 款规定：“编造虚假信息，或者明知是编造的虚假信息，在信息网络上散布，或者组织、指使人员在信息网络上散布，起哄闹事，造成公共秩序严重混乱的，依照刑法第二百九十三条第一款第（四）项的规定，以寻衅滋事罪定罪处罚。”

[3]《刑法》第 221 条规定：“捏造并散布虚伪事实，损害他人的商业信誉、商品声誉，给他人造成重大损失或者有其他严重情节的，处二年以下有期徒刑或者拘役，并处或者单处罚金。”

[4]《刑法》第 246 条规定：“以暴力或者其他方法公然侮辱他人或者捏造事实诽谤他人，情节严重的，处三年以下有期徒刑、拘役、管制或者剥夺政治权利。前款罪，告诉的才处理，但是严重危害社会秩序和国家利益的除外。通过信息网络实施第一款规定的行为，被害人向人民法院告诉，但提供证据确有困难的，人民法院可以要求公安机关提供协助。”

能受到拘留、罚款等行政处罚。此处使用“谣言”与“谎报”是同义词，都是指捏造、传播“虚假信息”。

第四，部分虚假的谣言也应当属于谣言。2013 年 9 月发布的《网络诽谤问题的司法解释》第一条将谣言定义为捏造事实或者“将信息网络上涉及他人的原始信息内容篡改为损害他人名誉的事实”，后者实际上就是指部分虚假的事实。

以事件所含信息真实性的成分比重或是否证实作为“虚假信息”的判断标准不具有科学性。对于一个重大事件而言，即使是含有 1% 的虚假成分也可能严重危害社会，所以只要是虚假的信息，不管虚假成分在整个事件中所占比重多大，它本身的虚假性都是 100%。同时，根据虚假成分的比例来判定是否为谣言，也不具备实践上的可操作性。

（二）谣言型犯罪应当具有主观“恶意”

并非一切造谣、传谣的行为都应入罪，确定谣言是否能够入罪要坚持主客观统一的原则。一是在客观上制造、传播未经证实的信息即虚假信息，这是可以事后查明的，即司法机关可以查证制造、传播的信息最终是否有虚假成分，或传播时是否“证实”；二是主观上故意制造或者传播虚假信息，故意造谣、传谣。

《网络诽谤问题的司法解释》第 5 条规定“编造虚假信息，或者明知是编造的虚假信息”而传播，“编造”中包括了明知的意思，因为编造者当然需要明知，传播也需要明知，所以，编造、传播谣言都要求行为人对虚假信息具有“明知”。同时，在《网络诽谤问题的司法解释》出台的新闻发布会上，最高法院新闻发言人孙军工强调了文件出台的背景是：“一些不法分子利用信息网络恶意编造、散布虚假信息……”[1] 将“恶意”的主观心态作为编造、散布谣言的基本要求。“恶意”不是刑法的立法用语。但就其词义而言，“恶意”是指“坏的

[1] 邢世伟：《最高法：网络辱骂恐吓可追究寻衅滋事罪》，《新京报》2013 年 9 月 10 日，第 A7 版。

用意”。[1]而“用意”是指存在一定的意图，“意图”在刑法上的规范用语为“目的”。而犯罪目的的含义是指犯罪人希望通过实施犯罪行为达到某种危害社会结果的心理态度。[2]“希望达到某种目的”是刑法上直接故意的主观状态。

我国刑法中的谣言类犯罪需要直接故意才能构成，这是谣言型犯罪本身的行为规律的要求。网络信息的传播具有很强的流瀑效应[3]，这使人们倾向于相信信息的真实性，但对于信息的真实性又会持有一定的怀疑。所以，根据信息传播的特点，宜将本罪的主观方面限定为直接故意。在当今社会，我们不可能去证实所有信息的真假，再进行传播，这是人类本性使然。[4]因此，将间接故意作为谣言型犯罪的主观方面，过高估计了人性的弱点，是刑法上的“强人所难”。正因为如此，我国在司法实践中处理谣言型犯罪时，只是处理那些制造谣言，或者接近谣言原始来源而明知是谣言仍然传播的人，对于网络上广大不明真相的传谣者并没有进行追究，坚持了具体犯罪中的主客观相统一的原则。

关于主观上的认定标准，中国刑法和美国法律的规定殊途同归。在美国，认定诽谤需要遵循“实际恶意原则”。实际恶意原则是美国在“《纽约时报》诉沙利文”案[5]中确立的一条如何认定虚假信息的原则，与我国要求主客观统一认定虚假信息类犯罪的立法具有异曲同工之处。

1960年3月29日，在美国民权运动期间，《纽约时报》刊登了一则捐款广告，旨在为民权领袖马丁·路德·金（Martin Luther King

[1] 中国社会科学院语言研究所词典编辑室编：《现代汉语词典》，商务印书馆2002年版，第329页。

[2] 高铭暄、马克昌主编：《刑法学》（第八版），北京大学出版社、高等教育出版社2017年版，第546页。

[3] 信息流瀑，指一旦有人相信谣言接着相信的人就越来越多，少数人服从多数人意见，会形成像瀑布一般的强劲态势，进一步巩固了谣言的力量，使得即使开始不相信谣言的人也逐渐变得相信。

[4] ［美］卡斯·R.桑坦斯：《谣言》，张楠迪杨译，中信出版社2010年版，第98页。

[5] New York Times Co. v. Sullivan, 376 U.S. 254 (1964).

Jr.）受到亚拉巴马州伪证罪指控的辩护筹集资金。[1] 该广告中提及了一些阻挠民权运动的行为，但部分内容存在轻微失实，如金在抗议期间被捕的次数、抗议者唱的歌曲以及学生是否因参与而被开除，这些不实内容涉及蒙哥马利市警察。蒙哥马利警察局长沙利文（L.B. Sullivan）认为监督警察部门是他的职责，虽然广告中并未直接提及他的名字，但是这些对警察行动失实的批评构成了对他个人的诽谤，破坏了他的公职声誉。沙利文对纽约时报社和《纽约时报》广告中提到的一群非裔美国部长提起了诽谤诉讼，在亚拉巴马州法院的判决中，沙利文胜诉，获赔 50 万美元，州最高法院予以了确认，纽约时报社向联邦最高法院提起了上诉。

1964 年 3 月，联邦最高法院通过裁决，认定亚拉巴马州法院的判决违反了第一修正案，判决纽约时报社胜诉。在布伦南法官（Justice Brennan）撰写的一致意见中，法院认为，当声明涉及公众人物时，仅仅证明新闻报道的不实是不够的，除非有证据表明该声明是在其明知错误或者全然不顾真实与否的情况下作出的。布伦南将这一标准概括为“实际恶意”（actual malice）标准。在诽谤法中，“恶意”意味着明知或者极其鲁莽不顾后果，因为法院发现很难想象有人会在没有恶意的情况下故意传播虚假信息。

最高人民法院新闻发言人也用了“恶意”一词来解释谣言型犯罪的特征，遗憾的是，这一说明仅仅是一个新闻稿，犯罪须具有直接故意的主观要件并没有写入解释，也没有明确使用“直接故意”这一规范用语来说明。将来，司法解释应当用适当的方式明确：谣言型犯罪需有主观上的直接故意。在目前的司法适用中，应当根据最高人民法院新闻发言人的说明，按照直接故意的主观标准认定谣言型犯罪。

（三）应当修改编造、故意传播虚假信息罪的罪名

网络谣言型寻衅滋事罪是对 2013 年《网络诽谤问题的司法解释》

---

[1] The New York Times, Advertisement, *Heed Their Rising Voices*, *New York Times*, March 29, 1960.

第 5 条第 2 款的归纳，其原文是："编造虚假信息，或者明知是编造的虚假信息，在信息网络上散布，或者组织、指使人员在信息网络上散布，起哄闹事，造成公共秩序严重混乱的，依照刑法第二百九十三条第一款第（四）项的规定，以寻衅滋事罪定罪处罚。"这是我国刑法介入网络空间的一次大胆的尝试，争议颇多。但网络谣言可以构成对公共秩序的破坏，适用刑法具有现实合理性。

首先，网络空间属于公共场所。网络已与现实融为一体、不可分割，在网络上散布谣言的行为，同样容易引发群体性事件，造成公共秩序的严重混乱。因此，将网络空间认定为公共场所是出于现实的需要，尚属合理的扩大解释。

其次，网络空间秩序属于公共秩序。散布虚假信息属于言论的范畴，言论自由是宪法赋予人们的基本自由，言论往往是思想的表达。但网上虚假信息会与现实世界产生联系，可能在现实中产生与传统扰乱公共秩序行为同样的后果。

2015 年 8 月 29 日，《刑法修正案（九）》增设了编造、故意传播虚假信息罪，即"编造虚假的险情、疫情、灾情、警情，在信息网络或者其他媒体上传播，或者明知是上述虚假信息，故意在信息网络或者其他媒体上传播，严重扰乱社会秩序的"行为。该罪与网络虚假谣言型寻衅滋事罪是特殊法与一般法的关系，如果行为人编造虚假的险情、疫情、灾情、警情，在信息网络或者其他媒体上传播，或者明知是上述虚假信息，故意在信息网络或者其他媒体上传播，严重扰乱社会秩序的，则不按照一般的谣言型寻衅滋事罪定罪，而是以这一特殊罪名予以规制。这是因为：（1）虚假的险情、疫情、灾情、警情信息的社会危害性更加严重，需要严厉打击；（2）该行为具有独立特征，需要通过特殊罪状和罪名加以规范，二者是法条竞合关系。

法条竞合意味着从形式上看，某一个行为既与刑法分则所规定的 A 罪的构成要件相一致，也部分或者全部地与 B 罪的构成要件相一致。但是，如果成立 A 罪，就优先适用 A 罪的构成要件，排斥 B 罪的适用；反之亦然。[1]这是立法上的常见情况，如一般诈骗罪与特定类型诈骗罪。遗憾的是，2015年10月30日，《最高人民法院 最高人民检察院联合发布关于执行〈中华人民共和国刑法〉确定罪名的补充规定（六）》，将《刑法》第291条之一第2款确立为“编造、故意传播虚假信息罪”，这一司法解释并不科学，让人误以为这一罪名包括了所有“编造、故意传播虚假信息”，实际上，这里的虚假信息特指“虚假的险情、疫情、灾情、警情”信息，这一罪名也应当理解为“编造、故意传播虚假紧急状态信息罪”。将来，最高人民法院、最高人民检察院应当修改罪名解释，将《刑法》第291条之一第2款确立为“编造、故意传播虚假紧急状态信息罪”。

（四）诽谤罪中应当平等对待公职人员

根据《网络诽谤问题的司法解释》第1条规定，捏造、传播损害他人名誉谣言，情节恶劣的，都应当认定为《刑法》第246条第1款的“捏造事实诽谤他人”，以诽谤罪论处。《宪法》第41条规定了公民对国家机关和国家工作人员的批评权、建议权、申诉权、控告权、检举权，但是也规定了公民不得捏造或者歪曲事实对国家工作人员进行诬告陷害，公职人员也应当平等受到人格权保护的理念。

诽谤公职人员能否和诽谤一般公民等同，从我国法律来看，这两者并无区别。但诽谤公职人员这一行为确有特殊性，需要单独讨论。

1. 律师可以批评司法人员

在2015年莫里斯诉法国（Morice v. France）[2]一案中，欧洲人权法院在此问题上也更倾向于保护公民的言论自由。该案中，申请人奥利弗·莫里斯先生是一名法国律师，在其代理的博雷尔（Borrel）先

[1] 周光权：《法条竞合的特别关系研究——兼与张明楷教授商榷》，《中国法学》2010年第3期，第158页。

[2] Morice v. France (Application No. 29369/10), Judgment of 23 April 2015.

生死亡一案中认为“调查法官 M. 和 L.L. 的行为完全不符合公正和公平的原则”，且检察官与调查法官之间存在共谋关系，并据此向司法部长提出申诉，要求“司法服务总检查局对司法调查过程中暴露出来的许多缺点进行调查”。[1] 在提出申诉后，莫里斯先生接受了《世界报》（Le Monde）的采访，《世界报》的一篇文章对检察官与调查法官之间的通信进行了摘录，并报道了莫里斯先生就此事对记者所作的陈述。M. 法官和 L.L. 法官提起刑事诉讼，指控莫里斯先生及《世界报》的出版主任等人诬告。南特雷（Nanterre）刑事法院认定莫里斯等人犯有诽谤公职人员罪，并对他们处以罚款。在经历多次上诉后，莫里斯先生和他的共同被告向欧洲人权法院提起上诉。最终，欧洲人权法院大法庭一致认为，对莫里斯先生诽谤罪的判决是对其言论自由权的不成比例干涉，“在民主社会中没有必要”，这违反《欧洲人权公约》第 10 条公民言论自由权的相关规定。

在此案中，对该律师的定罪无疑是对其言论自由的干涉，这是没有争议的。本案的争议在于此种干预是否“在民主社会中是必要的”，这要求法院评估干预是否与所追求的合法目标相称。法院认为，申请人在《世界报》上发表的批评性言论涉及司法机构的运作（或更确切地说，缺点）和博雷尔案的处理，属于公共利益问题辩论的范畴。既然如此，法院要求对言论自由提供更高水平的保护，因此当局在限制此类自由方面的判断余地较小。法院明确表示，对于言论本身，要区分事实陈述（可以证明）和价值判断（不易证明，但必须有“充分的事实依据”）。本案中，法院综合莫里斯发表这些评论的背景和语气后，将其判定为价值判断。更为重要的是，法院认为莫里斯的言论有“充分的事实依据”，因为法官 M. 和 L.L. 未能在提交给法官 P 的调查案卷中提供重要的证据。因此，不能将申请人的言论视为误导性的，或无端攻击两位法官的诽谤言论。

欧洲人权法院认为言论分为事实陈述和价值判断。前者易于证

[1] Morice v. France (Application No. 29369/10), Judgment of 23 April 2015, para. 33.

明，后者证明需有充分的事实根据，以诽谤罪对律师进行制裁可能对律师行使言论自由产生寒蝉效应[1]，即使罚款相对温和，也无法确认此种刑罚不会影响律师言论自由。可见，欧洲人权法院对律师批评官员的言论整体是持保护的态度，并认为此种涉及公共利益的言论应当受到更高的言论自由保护。但是，裁决莫里斯的言论不构成违法的原因在于其言论并非事实陈述，而是价值判断，即并非谣言，如果他散布谣言，即使批评的是公职人员，莫里斯也将可能受到同样的处罚。我国法律并无禁止律师对司法人员进行批评的规定，律师在具体案件中批评法官，只应当受到一般言论规则和谣言犯罪的限制。

2. 司法人员应当受到平等保护

在我国法学界，有学者认为刑法必须适当降低对公众人物名誉的保护标准。张明楷认为“刑法必须适当降低对公众人物名誉的保护规格”[2]。他引用西方学者的论著，认为在批评公众人物中，即使其中有不实言论与错误陈述，也不得禁止。[3]“对官员名誉的不经意损害和报道中信息的偏差应该给予同样的宽容。”[4]如果需要得知全貌后才能发表评论，这明显不利于公民参与公共事务的讨论。[5]应当禁止政府官员因针对他的职务行为提出的诽谤性虚假陈述获得损害赔偿。[6]以上看法的特点是，提出了适当降低对公众人物名誉保护规格的含糊观点，但是，公众人物的认定标准、降低保护的具体程度，这二者都没有可以操作的指标和边界，同时也没有理论上的合理根据。

---

[1] Morice v. France (Application No. 29369/10), Judgment of 23 April 2015.

[2] 张明楷：《网络诽谤的争议问题探究》，《中国法学》2015 年第 3 期，第 60—79 页。

[3] ［美］安东尼·刘易斯：《言论的边界》，徐爽译，法律出版社 2010 年版，第 40 页。

[4] 侯健：《诽谤罪、批评权与宪法的民主之约》，《法制与社会发展》2011 年第 4 期，第 150 页。

[5] 张明楷：《网络诽谤的争议问题探究》，《中国法学》2015 年第 3 期，第 60—79 页。

[6] 刘艳红：《网络时代言论自由的刑法边界》，《中国社会科学》2016 年第 10 期，第 134—152 页。

学术界“适当降低对公众人物名誉的保护规格”观点的第一个方面的问题是：公众人物是一个实践证明难以把握的概念。

“必须适当降低对公众人物名誉的保护规格”的理论最初来源于美国的诽谤法。前述所提及的沙利文一案[1]即主要针对的就是公众人物，沙利文一案确定了对公职人员诽谤行为的“实际恶意”规则，即当发表言论者诽谤政府官员或者公职人员时，须以“清晰无误、令人信服”之证据证明言表者“明知言论不实或者罔顾真相”。[2]在“《周六晚邮报》诉巴茨”案中，[3]实际恶意原则的适用范围从“公职人员”扩大到了公众人物，而不仅限于公职人员。提高了对所有公众人物批评的主观方面的证据标准。

不过，这一标准随着时代的发展，也受到了质疑。在2019年的“麦基诉科斯比”（McKee v. Cosby）案[4]中，美国联邦最高法院审查了这一诽谤案，但法官克拉伦斯·托马斯（Clarence Thomas）撰写了一份反对调卷书的意见，该意见质疑沙利文案的可行性及其采用的实际恶意标准。在“贝里沙诉劳森”一案中[5]，最高法院依然拒绝调卷，但是戈尔索奇（Gorsuch）法官却撰写了一份对实际恶意标准的异议，请求重新评估沙利文案。他指出，如今的媒体与1964年的情况大不相同，“似乎未经调查、事实核查或编辑的出版已成为最佳犯罪策略”，并批评下级法院将实际恶意规则扩大适用到了各种有限目的（limited purpose public figure）的公众人物。

我国学者甚至于反问“没有定义的‘公众人物’有什么意义？”公众人物术语源于“《纽约时报》诉沙利文”案及其后续案件。但在美国司法判例中，“公众人物”概念并不明确，美国最高法院一直没

---

1 New York Times Co. v. Sullivan, 376 U.S. 254 (1964).

2 吴永乾：《美国诽谤法所称“真正恶意”法则之研究》，《中正大学法学集刊》2004年第15期，第48—50页。

3 Curtis Publishing Co. v. Butts (1967).

4 McKee v. Cosby (2019).

5 Berisha v. Lawson (2021).

有（实际上也不可能）对公众人物术语下定义，只能在具体的案件中，按照特定的价值取向对其进行类型归属。[1]我国司法裁判中虽然有对公众人物人格权“克减”的判例，但是，2014年我国《最高人民法院关于审理利用信息网络侵害人身权益民事纠纷案件适用法律若干问题的规定（草案）》中有关公众人物条款被完全删除，立法当然没有关于公众人物人格权克减或者降低保留标准的任何规定。因此，公众人物只能是具有高度价值相关性的、法官针对具体案件自由裁量确定侵权程度时的考虑因素，不是对公众人物的特殊对待。

学术界“适当降低对公众人物名誉的保护规格”的观点第二个方面的问题是：对公职人员降低保护标准的提法没有合理依据。

公职人员以外的“公众人物”认定困难，但是“公职人员”有确定的含义，《监察法》第15条规定了公职人员的含义和范围，是否应当对其诽谤行为例外对待、降低保护标准呢？笔者认为，对公职人员的诽谤罪不应当例外对待，因为对公职人员的诽谤不仅侵犯其个人的人格权，还可能严重危害社会秩序和国家利益。因此，刑法还特别规定：对侮辱、诽谤罪，一般情况下“告诉的才处理”，但是“严重危害社会秩序和国家利益的除外”。对公职人员可以进行批评，但是通过造谣、传谣的方式危害性比对普通人的诽谤更大，不应当区别对待。

当然，对于公职人员依据真实事实行为的批评，可以适当容忍激烈的言辞，习近平总书记指出：“网民大多数是普通群众，来自四面八方，各自经历不同，观点和想法肯定是五花八门的，不能要求他们对所有问题都看得那么准、说得那么对。要多一些包容和耐心……”[2]习近平总书记要求用包容和耐心来对待人民群众的意见建议、怨气怨言、错误看法，但是对于故意造谣、传谣，不应当属于上述范围，应

---

[1] 李洋：《谁是“公众人物”？——重探“纽约时报诉沙利文案”及其后续案件》，载武汉大学新闻与传播学院等编：《新闻与传播评论》，武汉大学出版社2015年版，第29页。

[2] 习近平：《习近平谈治国理政》（第二卷），外文出版社2017年版，第336页。

当依法处理。

目前，我国刑法中谣言型犯罪认定的三个突出问题，前面两个问题，源于立法用语的不规范和解释的不明确。

在将来的立法中，应当规范立法和司法文件的用语，将“谣”“谣言”“虚假信息”“虚伪事实”“捏造事实”尽可能统一表述为虚假信息，在司法实践中可以将捏造（制造）虚假信息、传播虚假信息简称“造谣”“传谣”。在立法和司法解释中应当明确谣言型犯罪要具有主观上的直接故意。

另外，“降低公众人物保护规格”的提法，源于2014年发布的《最高人民法院发布关于审理利用信息网络侵害人身权益民事纠纷案件适用法律若干问题的规定》草案中的讨论，也有可能间接影响司法人员的执法司法。这一文件在正式发布时没有采纳公众人物的提法，最高人民法院也应当在发布时予以说明。

以上三个问题，都涉及立法、司法中的争议问题。为了充分实现立法和司法解释的目的，文件本身应当避免出现争议，曾经发生过的争议应当在正式文件发布时予以说明，这是规范制定者应当认真对待的问题。

本章小结

当前我国《律师法》中并无直接规定律师言论真实的条款，本条款可直接增加。

第x条 律师公开发表言论应当客观、真实，不得发表不实、有误导性的言论。

第六章　律师服务广告行为规则

我国关于律师广告的规定散布在各种规范当中，造成律师业务广告市场管理缺位。为此，2018 年，中华全国律师协会总结了现有律师广告的规定，制定出台了《律师业务推广行为规则（试行）》，并在此基础上完善律师广告的自治规则和机制。但从实践来看，有关规则的条文设计较为简单，导致人们认识度不高，且有的规则所囊括的内容还有待补充和完善。针对这一问题，笔者对现有广告规则进行归纳整理，总结出了我国律师业务广告应遵循的一般规则和禁止性规则，以及实现以上规则的配套措施，即律师执业信息公开规则，以期早日实现对《律师业务推广行为规则（试行）》的完善。

一、律师广告从禁止到开放的历程

律师广告的雏形最早萌生于古罗马时代。[1] 在这一时期，律师们经常使用各种手段进行广告宣传，部分律师效仿路边摊贩沿街叫卖，还有部分律师雇佣人力在法官面前拍手叫好，人为制造气氛。[2] 由于阶级分层的影响，当时社会贫富悬殊，人们担心律师的这种宣传行为会导致缠讼，于是古罗马律师的这种宣传行为遭到了禁止。[3] 当时社会的担忧不无道理，因为富人可以通过雇佣最好的律师和贿赂法官而使自己胜诉，长此以往，必然不利于社会稳定，所以，历史上曾经出现了禁

[1] 陈宜、李本森：《律师职业行为规则论》，北京大学出版社 1972 年版，第 16 页。

[2] 陈宜：《律师行贿法官案背后的理性思考》，《行政法学研究》2005 年第 2 期，第 121 页。

[3] 季卫东：《法律秩序的构建》，中国政法大学出版社 1999 年版，第 240 页。

止广告的法律。

（一）历史上禁止律师广告的情况和原因

英国禁止律师广告的最初原因在于将律师职业神圣化。在律师制度发源地的英国，存在这样一种说法："律师广告的禁令起源于礼仪规则，而不是伦理规则。"[1] 在这一时期，主流观点认为律师法律服务工作同僧侣的宗教工作一样，是一种进行公共服务的手段，给律师职业笼罩上了一层神圣的色彩。[2] 不难理解，律师提供法律服务虽然也会获取报酬，但这种服务不等同于其他的商业服务，因为商业服务需要实现的是商业利益以获取商业价值，而律师服务除了维护当事人财产利益外，还要维护生命、自由等重大人身权益。这一礼节性规则后来发展为对律师广告行为的禁止，作为律师业的一项传统伴随着律师制度的传播，渗透到了各国律师制度中。

1908 年，美国律师协会通过《职业道德准则》，该准则禁止律师通过传单或广告等方式招揽业务，这是美国最早关于禁止律师广告的规定。[3] 有学者认为当时出台此类规定的目的在于试图以规范律师执业行为的方式来抑制离婚率的上升。[4] 也有学者持不同观点，主张当时移民潮盛行，面对大量从东欧涌入美国的移民，这一禁令的目的在于控制新加入律师行业的人数。[5] 不论该准则的目的究竟为何，总之，在这一时期，美国禁止律师广告已成为事实。1969 年美国律师协会通过《职业责任守则》，重申了律师广告禁令的原则。该守则第二条要求："律师不应当通过报纸、杂志、广播、电视等媒介进行广告宣传

[1] ［日］森际康友：《司法伦理》，于晓琪、沈军译，商务印书馆 2010 年版，第 135 页。

[2] 王进喜：《律师广告问题研究》，《当代司法》1997 年第 10 期，第 25 页。

[3] 郭雳：《关于规范律师广告的思考》，《政府法制》2002 年第 8 期，第 44 页。

[4] 王进喜：《美国律师职业行为规则：理论与实践》，中国人民公安大学出版社 2005 年版，第 168 页。

[5] 陈碧：《谁为律师辩护：给所有喜欢律师、讨厌律师、想当律师、想请律师的人》，中国法制出版社 2011 年版，第 168 页。

或者通过其他商业宣传方式进行业务推广，也不应授权或允许他人这样做。”[1] 该准则明确禁止律师广告，为美国各州和律师协会提供了禁止律师广告的范例。

日本在律师制度产生之初并没有关于禁止律师广告的规定，但不喜欢律师进行广告宣传已经形成了盛行的社会思潮。1955 年，日本律师联合会制定了《律师道德》，其中第 8 条明确规定：“律师除学位或专业外，不得将自己以前的经历以及其他事项记载于名片、招牌中，或者用于广告宣传。”[2] 这是最早能找到的有关日本禁止律师广告宣传的规定。

概括起来看，历史上各国禁止律师业务广告的原因如下：

（1）律师业务广告滋生利益至上风气，损害律师职业道德。律师应当以促进法律实施、伸张正义为己任，将其提供的法律服务商业化，与律师职业伦理不符；广告的形式多种多样，很多给人以轻佻、夸张的感觉，与律师传统形象要求不符。[3] 此外，广告带来案件数量的增长，律师及律师事务所往往会在选择业务时追求大标的额业务，拒绝公益性法律援助业务。[4] 久而久之，律师被广告行为塑造为一切以营利为出发点的“律师企业家”，律师职业道德水准因而下降。

（2）律师业务广告的内容难以把控，服务难以标准化。律师广告的内容应当是律师为委托人提供的法律服务，但对于这项服务的内容具体应当包括些什么，长久以来，行业缺乏公认的、可衡量的客观标准。这主要是因为律师提供的法律服务需要结合当事人的具体案情才能展开，需要根据情况制定最有助于实现委托人诉讼请求的法律服务。作为一门具有高度专业性和技术性的职业，律师的专业术语非专

---

1 陈宜、李本森：《律师职业行为规则论》，北京大学出版社 2006 年版，第 17 页。

2 ［日］河合弘之：《律师职业》，唐树华译，法律出版社 1987 年版，第 148—149 页。

3 法商新参考：《律师推广业务不能夸张、轻佻》，https://www.sohu.com/a/224632383_99947706，访问日期：2021 年 3 月 18 日。

4 闫海、李秋慧：《论律师广告的正当性及其法治建构》，《政法学刊》2020 年第 2 期，第 15 页。

业人士难以理解，具有虚假性和误导性内容的律师广告，更不易被客户知晓。[1]律师广告往往存在主观夸大的情况，这不仅会导致客户乃至公众产生误解，还会扰乱法律服务市场秩序。因此，选择不开放律师广告也可以视作对公众的保护。

（3）律师业务广告加重客户负担。律师广告会产生一系列的宣传费用。而这些广告费用会加重律所的运营成本，最终这部分广告费用又将以律师费的形式转移到顾客身上，由委托人承担。[2]此外，随着律师广告的推广，律师及律师事务所的名气有所提升，律师的收费标准也会随之提高，最终导致律师维护社会公正权利、公平正义的目的难以实现，与律师职业目标不相符合。

（二）“贝茨案”：律师广告开放的转折

发生在美国1977年的“贝茨诉亚利桑那律师协会”案[3]是律师广告由禁止走向开放的转折点。20世纪70年代，贝茨律师和欧斯汀律师注意到当时社会存在大量的中低收入人群，因为不够贫困而达不到法律援助标准，所需法律服务其实也较为简单，于是两位律师一拍即合，决定走薄利多销的路线，即用较低的价格费用拓展业务流量。但随后他们认识到，尽管他们创办的律所定位符合市场需要，但由于律师事务所不能进行自我宣传，因此许多人并不知道这家律师事务所。

1976年，两位律师找到当地销量最大的日报，刊登了一则不起眼且仅涉及律所的主要业务范围和收费标准的广告。[4]果然，广告效果非常显著，律师事务所业务量飞速上涨。此次广告刊登事件也惊动了该

[1] 李江靖：《论我国律师广告规范的完善》，《四川警察学院学报》2019年第2期，第108页。

[2] 闫海、李秋慧：《论律师广告的正当性及其法治建构》，《政法学刊》2020年第2期，第15页。

[3] Bates v. State Bar of Arizona, 433 U. S. 350 (1977).

[4] 陈碧：《谁为律师辩护：给所有喜欢律师、讨厌律师、想当律师、想请律师的人》，中国法制出版社2011年版，第194—195页。

州的律师协会，州律协在经过听证后，对他们处以暂停执业6个月的惩戒。后经两位律师申请复议，处罚改为暂停执业一周。处罚的改变给贝茨律师和欧斯汀律师带来了继续斗争的信心，他们遂诉至州最高法院，认为律协的处罚行为触犯了权利法案中关于言论自由保护的规定，同时还援引了《谢尔曼法》进行抗辩，最终州最高法院还是驳回了两位律师的诉讼请求。

两位律师仍旧没有放弃斗争，他们向美国联邦最高法院上诉，在审理中，法官支持和反对律师广告的双方就律师广告影响律师职业化、破坏律师和客户之间的信任关系、律师广告可能会对司法裁判形成不利影响、律师广告会造成更大的经济成本这几个问题展开激烈的辩论，最终联邦最高法院以7票对2票作出了有利于两位律师的判决。[1] 此外，法庭还进一步认定全美50个州禁止律师广告的规定违宪。在解释判决理由时，法官指出：律师广告本质上属于一种言论，考虑到律师职业的特殊性，故对律师的广告宣传加以限制，如果广告内容本身真实合理，则仍属于受宪法保护的公民言论。[2] 在这之后，这一具有代表性的案例为律师们进行广告宣传提供了宪法依据，从而成为律师广告由禁止走向开放的转折点。

总结律师广告在世界范围内最终由禁止走向开放的原因主要有以下几点：

（1）开放律师广告有利于促进法律服务市场的良性竞争。随着法律概念不断深入人心，公众的法律意识得到很好的提升，在遇到纠纷时更多人选择拿起法律武器捍卫自己的权利。案件数量呈现爆炸式增长[3]，相应催生了律师业的扩张。由于长期限制律师广告，律师和律师事务所数量上涨，但律师业务广告仍旧以熟人口口相传为主。这种推

---

1 林海：《贝茨案：律师能不能给自己打广告》，《检察风云》2018年第9期，第56—57页。

2 Bates v. State Bar of Arizona, 433 U. S. 350 (1977).

3 左卫民：《诉讼爆炸的中国应对：基于W区法院近三十年审判实践的实证分析》，《中国法学》2018年第4期，第238页。

广方式使得律师准入门槛提高，同时由于“二八定律”的影响，新入职律师或者新建律师事务所因缺乏案源导致起步异常困难。[1] 长此以往，老牌律师及律师事务所的行业地位越来越难以动摇，甚至出现垄断局面。而律师广告的出现使得公众选择变得更多，在竞争加大的同时，各律师及律师事务所则会在业务上更加用心以留住顾客，有利于促进律师行业良性发展。

（2）开放律师广告有利于满足人民群众对法律服务的需求。法律不应该是高高在上的，它不是束之高阁，也不是不能触碰的存在。但由于法律本身的专业性，对于大多数没有系统学习过法科知识的公众来说，理解起来较为晦涩，身陷复杂纠纷的当事人在这一点上感受最为明显。在面对纷繁复杂、晦涩难懂的法律问题时，他们不知道是否需要、如何获得法律服务。[2] 律师广告让客户能够选择最适合的法律服务。[3] 通过律师业务宣传，可以更好地解决公众不知如何获取法律服务的问题，进一步发挥法律制度的作用。

（3）作为一种社会福利，律师广告有其存在的必要性。在现代社会，各律所提供的业务越来越精细化，通过广告宣传，可让公众在寻求法律服务时提前了解相关信息，选择质优价廉的法律服务，减少公众寻求法律服务的成本。[4] 当然，在律师和律师事务所得到发展后，他们也会定期回馈社会，提供一些法律援助服务，帮助那些生活比较贫困无法支付律师费但有法律问题的公众，从而增进社会福利。

[1] 闫海、李秋慧：《论律师广告的正当性及其法治建构》，《政法学刊》2020 年第 2 期，第 16 页。

[2] 王进喜：《律师广告问题研究》，《当代司法》1997 年第 10 期，第 27 页。

[3] 迟涛：《律师广告规范的原则与规则探析》，《甘肃联合大学学报（社会科学版）》2013 年第 1 期，第 52 页。

[4] 李忠鹏：《律师事务所广告的社会福利分析》，《经济体制改革》2010 年第 5 期，第 175 页。

（三）中国律师业务广告禁止与开放的特殊原因

律师制度是我国清末从西方引进的一项制度，同世界各国一样，中国律师业务广告的禁止和开放也存在着通常的原因和理由。但在此之外，中国律师业务广告的禁止与开放还与我国政府对于律师性质的认定有关。

自 1979 年恢复律师制度以来，我国律师及律师事务所的性质发生过历史性变化。

第一阶段，律师是国家的法律工作者，是公务员。1980 年 8 月 26 日第五届全国人大常委会通过了《律师暂行条例》，其中第 1 条明确规定："律师是国家的法律工作者。"同时该条例第 13 条规定："律师执行职务的工作机构是法律顾问处，法律顾问处是事业单位，受国家司法行政机关的组织领导和业务监督。"肯定了律师属于国家司法工作人员的一部分，强调了律师作为国家公务人员的地位，而作为国家法律工作者的律师理应禁止广告宣传，这与为人民服务的公务员禁止商业性广告的原理是相同的。

1996 年 3 月 22 日，司法部对福建省司法厅所提出的律师事务所能否在户外作广告的批复中明确指出："律师事务所不同于以营利为目的的生产经营单位"，进行广告宣传的"做法是不妥的"[1]。在这一时期，国家明确禁止律师及律师事务所进行广告宣传。因为律师和参与国家政治的公职人员一样，同属于公务员，其职务是光荣的，应当区别于追求个人利益的商人，因此没有进行广告宣传的必要。

第二阶段，律师是社会的法律工作者，是中介机构的工作人员。1996 年 5 月 25 日，第八届全国人大常委会第十九次会议通过的《律师法》第 2 条规定："本法所称的律师，是指依法取得律师执业证书，为社会提供法律服务的执业人员。"律师的性质由"国家的法律

[1] 司法部：《司法部关于律师事务所不宜在户外设立灯箱标牌的批复》，法律图书馆：http://www.law-lib.com/law/law_view1.asp?id=62226，访问日期：2021 年 7 月 22 日。

工作者”转变为“社会的法律服务工作者”，律师事务所的性质也随之发生变化，不再属于事业单位。[1]律师事务所和律师由国家包揽业务走向依靠自身开拓业务、寻求发展。1997 年 10 月 1 日起实施的新修订《刑法》第 229 条将犯罪主体规定为“承担资产评估、验资、验证、会计、审计、法律服务等职责的中介组织的人员”，将包括律师在内的法律服务机构定位为中介组织，这使得律师及律师事务所进行广告宣传成为可能，也只有主动宣传，方能让市场知悉其提供的法律服务，以实现“谋生”。

第三阶段，律师是当事人的法律服务者，律师事务所是参照企业划型的市场主体。2008 年《律师法》第 2 条规定：律师是“为当事人提供法律服务的执业人员”。将律师定位为“当事人的法律服务者”，弱化了律师的“社会性”和公益性[2]，促进了律师广告的开放。因为消费者应享有“知悉权”，否则很难保证交易的公平、合理。[3]律师向当事人提供法律服务同样如此。

2021 年 6 月 10 日，司法部在对山东省司法厅关于确认律师事务所的性质的批复中指出：“律师事务所虽然不同于一般企业类市场主体，不需要在市场监督管理部门进行企业登记，但具有自收自支、自负盈亏等企业特征……对律师事务所应参照企业进行划型……”[4]该批复明确指出律师事务所参照企业划型，而企业属于市场主体，该性质的认定更加确认了律师事务所进行广告宣传的必要性、合法性。

可以看出，我国律师从被禁止到允许进行律师业务广告，其根本的原因在于国家对于律师性质定位的变化。作为国家的法律工作者，

---

[1] 谢佑平、闫自明：《律师角色的理论定位与实证分析》，《中国司法》2004 年第 10 期，第 41 页。

[2] 黄振中：《论新中国律师的变化与转型期之定位》，《法学评论》2010 年第 4 期，第 54 页。

[3] 王进喜：《律师广告问题研究》，《当代司法》1997 年第 10 期，第 27 页。

[4] 司法部：《关于律师事务所执行社会保险费减免政策有关问题意见的函》（司办函〔2021〕816 号）。

当然不允许进行广告宣传，作为自负盈亏的社会法律工作者、为当事人提供法律服务的执业人员以及作为参照企业归类的律师事务所，当然可以通过商业广告对其提供的法律服务进行宣传。

二、各国律师广告行为的规则

普通广告要受到《广告法》的规制，律师广告作为广告中的一大门类，更要受到相应规定的限制。但是律师广告又不同于其他商业广告，尤其是在刑事案件中，如若律师广告中含有诱导性、欺骗性的内容，造成的后果极为严重，当事人面临的是国家刑罚的追诉。因此，各国对于律师广告虽然不禁止，但也出台了针对律师广告行为的严格规则。

（一）美国律师广告行为规则

美国有关律师广告的法律规则散见于联邦和各州的不同法律中。目前运用较为广泛的是美国律师协会 1988 年 8 月批准美国律师协会广告委员会制定的《律师广告的追求目标》以及美国律师协会制定的《职业行为示范规则（2019）》。

《律师广告的追求目标》要求广告应当得体并同律师职业相适应，不适当的音乐、口号以及稀奇古怪的背景等将影响公众对法律职业的信任。[1] 同时广告还应做到内容真实、准确，不得虚假误导，此外还对律师费进行了说明。但从严格意义上来讲，《律师广告的追求目标》刚性不大，其目的主要在于指导律师有效并得体地进行广告活动[2]，为美国整个律师行业的律师广告行为规则奠定基础，指引方向。律师广告是向公众推销和提供法律服务的一个关键方面，各个州虽然通过了《职业行为示范规则》调整律师广告的某些方面，但始终不能穷尽所有问题，仍留有空白，《律师广告的追求目标》的益处在于建议律师

[1] 北京市律师协会组编：《境外律师行业规范汇编》，中国政法大学出版社 2012 年版，第 249 页。

[2] 北京市律师协会组编：《境外律师行业规范汇编》，中国政法大学出版社 2012 年版，第 248 页。

在减少或者消除广告的消极影响的同时又能达到宣传的有益目的。

而《美国律师协会职业行为示范规则》则有所不同，包含了对美国律师行业的整体规定。其中规则第 7.2 条[1]对律师广告进行了详细规定：律师可以通过任何媒体传达有关律师服务的信息，第 7.2（b）款规定律师不得就推荐律师服务向任何人作出补偿、给予或承诺任何有价物品，但律师可以：（1）支付准许的广告或通信费用；（2）支付法律服务计划或非营利性或合格律师转介服务的常规费用；（3）根据规则第 1.17 条支付法律执业费用；（4）将客户转介给其他律师或非律师专业人士，该协议规定另一人将客户转介给律师，前提是该互惠转介协议不是排他性的且客户被提前告知协议的存在和性质；（5）赠送象征性的礼物表示感谢，但这种礼物既非有意也非合理预期作为推荐律师服务的补偿。第 7.3（c）款规定：律师不得陈述或暗示本律师已被认证为某一特定法律领域的专家，除非：（1）该律师已被州或哥伦比亚特区或其他美国律师协会认可的地区认证；（2）证明机构的名称在通信中有明确记载。第 7.3（d）款还要求根据本规则进行的任何通信必须包括至少一名负责其内容的律师或律师事务所的姓名和联系方式。需要注意的是，由于美国是联邦制国家，律协制定的此项规则并没有强制执行的效力，各州都根据本州的实际情况并参照本规则制定本州规则。

总的来看，美国有关律师广告的规范存在以下特点：（1）允许律师通过任何媒体对律师业务信息进行宣传，可见，美国对于律师媒体宣传的形式限制较为宽松。（2）广告不能是虚假的或者具有误导性的。如果群体广告计划或者团体法律服务计划会误导潜在的委托人认为该律师中介服务是政府机构或者律师协会赞助的，从而影响委托人的判断选择，那么该广告就是具有误导性的。（3）美国律师协会与时俱进，在规范修改中增添了禁止律师在广告宣传时自称是某领域专家的规定，有一定的前瞻性。

[1] American Bar Association, Model Rules Of Professional Conduct Rule7.2.

（二）法国律师广告行为规则

法国关于律师广告的规定主要在《巴黎律师公会规程》中体现，主张宣传律师行业和律师公会的功能性广告由行业代表机构负责。如果广告内容面向大众并且遵守行业基本原则，那么律师可以发布广告，广告可以宣传关于提供服务性质的信息，但是不得含有任何形式的推销成分。

其中第10.2条[1]规定了禁止事项：（1）律师不得面向潜在客户提供任何个性化服务、不得通过传单、海报、电影短片、广播或电视发布律师个人广告。（2）无论使用哪种广告形式，包含以下内容的广告都是受到禁止的：所有欺诈性广告或者含有不准确的虚假信息的广告；所有涉及炫耀用词或者比较用词的广告；广告用词涉嫌宣传非公认的职业资格证书的；广告用词可能导致大众心目中产生不存在的执业机构的；涉及的职务或者业务与该律师执业情况无关联的；广告用词可能会损害职业秘密的；广告内容违反法律的。

《巴黎律师公会规程》规定了诸多禁止事项，但第10.3条[2]指出，只要遵守本条文的相关规定，律师可以通过合法途径发布个人广告：（1）通过邮寄或电子邮件，发送事务所、事务所业务、法律法规的通用信息的信件。（2）发布告示或者通告，进行定期或技术信息的发布，例如律师在新的办公场所就职、新的合伙人到来、加入团体、二级事务所的设立等。（3）在年报或者报纸杂志中发布广告插页，只要广告陈述、广告位置或者广告内容不会给公众造成错误引导或构成不正当竞争行为。（4）散发介绍事务所的宣传手册。（5）在律师事务所所在建筑物入口张贴适宜尺寸的宣传板或者其他宣传物料。（6）在印刷或发放宣传册或宣传彩页之前，必须与律师公会的理事会进行沟

[1] 北京市律师协会组编：《境外律师行业规范汇编》，中国政法大学出版社2012年版，第629页。

[2] 北京市律师协会组编：《境外律师行业规范汇编》，中国政法大学出版社2012年版，第629页。

通。与此同时，第 10.4.1 款指出：所有的文件，无论任何载体，只要是用于通信或是律师个人广告，都需要用可见和可理解的方式，提及律师的姓名、联络方式、事务所地址、律师注册的律师公会，甚至还有律师所属的执业机构。

法国对于律师广告的规定，其特点体现在三个方面：（1）规定了律师广告的形式。律师在遵守相关规定的前提下可以通过邮件、发布通告、杂志、宣传手册、张贴宣传板等方式发布律师广告，但不得通过传单、海报、电影短片、广播、电视等个性化的方式进行宣传。（2）确立律师广告的内容边界。按照规定，律师广告的内容不得违反法律、不得包含虚假信息、不得进行炫耀、不得造成误解等。根据对律师广告内容的规定，可总结出法国律师广告的宣传规则，即必须符合合法性、真实性、非诱导性、适当性的要求。（3）对广告主体规定了执业信息公开义务。明确广告主体进行广告宣传时应一并公开与执业有关的信息。

（三）日本律师广告行为规则

1979 年 1 月，日本律师业务对策委员会发表了“关于律师业务的答复信”，其中提到律师广告“不应该以排除律师品德与欺骗、错误引导作为目标”。[1] 这与日本《律师职务基本准则》第 9 条一致，该条规定律师行业在进行广告宣传时，不得提供虚假或误导的信息、不得有损品格。

1985 年 2 月，日本律师公会联合会确认了允许律师在弊害较小、经公会会员一致同意的情况下可以做律师广告的基本方针。因此，日本律师公会联合会拟订了《律师业务广告章程草案》，该章程最终在 1987 年 3 月颁布。[2] 其中第 2 条规定律师可以就下列事项进行广告宣

[1] ［日］河合弘之、卜一：《律师的广告与宣传》，《国外法学》1986 年第 5 期，第 48 页。

[2] 叶青、顾跃进：《律师业务广告宣传宜限不宜禁》，《中国律师》2001 年第 11 期，第 74 页。

传，但不得进行其他事项的广告宣传：（1）事务所的名称、所在地以及电话号码；（2）律师姓名；（3）律师登记年月日及律师所属律师公会；（4）律师出生年月日及其出生地；（5）律师的学位；（6）律师业务范围；（7）律师个人学历；（8）职业经历；（9）工作时间；（10）收费金额。第 7 条规定：律师不得以有损律师职业伦理的方式进行广告，如不得使用霓虹灯、忽亮忽灭灯光、电视、飞机、广告气球，以及其他损害律师品德的方法进行广告宣传；广告需要符合事实，不得有错误引导。

日本关于律师广告的规定相较于美国、法国更为简单明了，明确规定了律师进行广告宣传的内容，且要求律师进行广告宣传时只能对规定列举到的事项进行宣传，未提及的内容皆属于不可宣传的事项。同时还对广告宣传的形式进行限制，这对于衡量律师广告是否有损律师道德很有益处。要求公开律师执业信息，概括性规定不得进行其他事项的广告宣传。

（四）中国律师广告行为规则

1993 年以来，我国先后在《律师职业道德和执业纪律规范》《关于反对律师行业不正当竞争行为的若干规定》《律师执业行为规范》《律师法》《律师和律师事务所违法行为处罚办法》中出台了有关律师广告的规定，为规范律师业务推广行为提供了依据。但由于相关规定散落在各规范中，显得杂乱无章，不能很好地践行。与此同时，随着法律服务市场竞争的加剧，出现了一些新的内容和形式不当的宣传推广行为，这些行为或造成不正当竞争，或导致社会公众的错误认知和选择，因此急需对此进行规制。

为此，2018 年 1 月 31 日，中华全国律师协会发布《律师业务推广行为规则（试行）》。规则共计 20 条，遵循守法、公平、真实、严谨和得体适度的基本原则而定，为律师或律师事务所推广宣传业务设立了红线。其中第 1 条是规则的制定依据和目的。第 2 条明确了律师业务推广的定义，指出律师业务推广是向社会公众发布法律服务信息的行为，并对推广方式进行列举，相较于传统推广而言，此次规则结合时代特点，将互联网广告一并纳入管理范围。第 4 条对律师业务广告概念进行定义，指出公司律师、公职律师和公职律师事务所不得发布律师业务广告，这与三者服务特定对象、不需要面向公众推广服务的属性相一致。第 5 条是对广告发布主体的限制性规定，暂时剥夺了处于非正常状态的律师和律师事务所发布广告的权利，是对违规律师和律师事务所的一种惩罚性措施。

第 3 条规定了律师业务推广方式应遵循的原则，要求“推广内容应当真实、严谨，推广方式应当得体、适度，不得含有误导性信息，不得损害律师职业尊严和行业形象”。第 4 条、第 5 条分别规定了律师业务广告的含义和合格主体。第 6 条、第 7 条规定了发布广告时公开律师个人以及律师事务所的基本信息，是律师执业信息公开规则的直接性规定。第 8 条则是对前两条所包含内容的进一步说明。

第 9 条和第 10 条列举了律师、律师事务所在业务推广中的 14 项禁止性规则。整体上包括禁止夸大宣传规则、禁止关系宣传规则、禁止贬损同行规则、禁止承诺宣传规则、禁止低价竞争规则和真实性规则。

在业务推广的方式上，第 11 条规定了 5 种禁止性的业务推广信息发布方式。第 12 条、第 13 条、第 14 条规定在网络时代律师对其在互联网上发布的信息负有监管责任，防范和制止第三方平台的不当业务推广行为，禁止收入分成等方式与第三方合作进行业务推广。第 5 条至第 18 条是对律师协会的管理手段、管辖范围以及处罚依据的规定，将违规推广行为的管理权赋予地方各级律师协会。

总结域外和我国律师广告规则，具有三个特点：

（1）要求律师广告符合一般商业广告的规则，做到真实、合法、适当。这是最低限度的要求。如美国要求广告不得包含具有误导性、影响委托人的判断选择的信息；法国要求广告不得违反法律的有关规定，不得含有欺诈以及虚假的信息；日本要求律师进行宣传时不得提供虚假或误导的信息，同时还不得进行有损律师品格的广告宣传；我国则将这一规则体现在律师广告的基本原则中。

（2）律师广告行为还应当遵循五大特殊禁止性规则。包括禁止夸大宣传规则、禁止关系宣传规则、禁止贬损同行规则、禁止承诺宣传规则以及禁止低价竞争规则。

（3）律师广告行为还应当遵循律师执业信息公开规则。执业信息公开是律师践行业务广告真实、合法、适当原则的保障性规则，还可以保护服务对象的利益，保护其知情权和选择权。

三、遵循一般广告行为规则

一般的广告准则是一切商业广告所必须遵守的规则。1994 年 10 月 27 日，我国颁行《广告法》，随后在 2015 年、2018 年、2021 年经历了三次修订，相较于 1994 年版本，现行《广告法》在广告准则方面有了更细致完善的规定。不难理解，随着广告媒介的不断扩充，实践中出现的问题也在累加。为更好地规范广告市场秩序，为社会经济发展保驾护航，《广告法》在修订时更加注重对于广告行为准则的完善。总结《广告法》中有关原则性的规定，同时参考《广告管理条例》，可以归纳出广告的一般行为规则，即真实性规则、适当性规则以及合法性规则。律师广告作为广告的一种，首先要遵循《广告法》的普遍规则。

（一）真实性规则

广告真实性规则是广告立法的首要原则。广告的首要功能在于提供信息，其内容必须是真实的。我国《广告法》第 3 条[1]和第 4 条[2]规定广告应当真实、合理，广告主要对广告的真实性负责，不得误导公众，这是广告真实性规则的法律规定。[3]为了达到宣传效果，广告可能会

[1]《广告法》第 3 条规定：“广告应当真实、合法，以健康的表现形式表达广告内容，符合社会主义精神文明建设和弘扬中华民族优秀传统文化的要求。”

[2]《广告法》第 4 条规定：“广告不得含有虚假或者引人误解的内容，不得欺骗、误导消费者。广告主应当对广告内容的真实性负责。”

[3] 潘巍松：《广告真实性原则与大众媒介的广告法律责任》，《河南广播电视大学学报》2005 年第 4 期，第 127 页。

存在夸张的成分，但允许夸张并不等同于允许虚假广告。因此，如果广告中存在不真实之处，尽管产品质量合格，只要手段虚假，也是对“真实性原则”的违反。[1]我们要全方位、多角度地对虚假广告予以规范。

律师广告也需要遵守真实性规则。这不仅是对《广告法》的遵循，也是律师行业自治的需要。大多数国家明确禁止具有虚假性和误导性的律师广告。如英格兰《事务律师行为守则》规定律师在进行广告宣传时必须做到内容准确且不具有误导性。[2]日本《律师职务基本准则》规定律师在进行广告宣传时不得提供虚假、误导性的信息。[3]如包含下列信息的律师广告具有虚假性和误导性：“使当事人对律师能够取得的结果抱有不切实际的期望的；明示或暗示律师能通过不正当手段取得有利于当事人的结果的；关于法律服务质量的声明包含有为一般公众所不能合理判断的内容的。”[4]律师的专业术语具有高度专业性和技术性，隐藏在广告中的不利于客户一方的条款，律师更懂得如何规避，使自己从中获利。在实践中，律师广告是否符合真实性规则需要根据一般常识和专业法律知识进行综合判断。

（二）适当性规则

适当性规则是比例原则的一个子规则，其精髓在于禁止过度。[5]广告适当性包括广告内容适当、形式适当。

（1）广告内容的适当性。主要表现为禁止绝对化用语的使用，

---

[1] 黎燕燕、杨妮、柴进：《论虚假广告对消费者权益的侵害》，《法学杂志》2003年第6期，第16页。

[2] 北京市律师协会组编：《境外律师行业规范汇编》，中国政法大学出版社2012年版，第147页。

[3] 北京市律师协会组编：《境外律师行业规范汇编》，中国政法大学出版社2012年版，第787页。

[4] 王进喜、陈宜主编：《律师职业行为规则概论》，国家行政学院出版社2002年版，第78页。

[5] 郑晓剑：《比例原则在民法上的适用与展开》，《中国法学》2016年第2期，第144页。

《广告法》第9条[1]规定在广告中不得使用“国家级”“最高级”等绝对化用语。探寻这一立法根源，可追溯到1995年。在1995年施行的旧版《广告法》第7条中首次出现了禁止广告绝对化用语的规定。时任全国人大常委会法制工作委员会副主任的卞耀武解释道：“禁止绝对化用语是考虑到广告应保持真实性，不得误导消费者，而使用绝对化用语是不实、混淆广告的一个具体表现，因此，在本法中禁止使用国家级、最高级等用语。”[2]在随后《广告法》的两次修订中，仍保留了此项规定。

（2）广告形式的适当性。广告形式与广告效果、广告价值密切相关，广告主为了达到广告宣传的目的，往往会选择吸引眼球的方式制作广告，如若没有相应规制，广告主竞相推陈出新，花样百出，会极大破坏广告市场秩序。《广告法》第41、42条要求广告方式符合户外广告设置规划和安全要求。第43、44、45条要求不得在未经用户同意或者请求的前提下向其发送广告。

律师广告的适当性规则中，内容的适当性已经包含在“禁止夸大宣传规则”中，因此，律师广告的适当性专指方式上的适当性，是指律师进行广告宣传时使用的图片、语言、背景应得体适当。[3]美国律师协会《律师广告追求的目标》规定：律师广告中使用不适当的音乐、口号，采用有奖出价、闹剧式的方式以及使用稀奇古怪的背景会破坏法律服务和司法制度的严肃性。[4]我国《律师业务推广行为规则（试

---

[1]《广告法》第9条规定：“广告不得有下列情形：……（三）使用‘国家级’、‘最高级’、‘最佳’等用语……”

[2] 卞耀武：《中华人民共和国广告法释义及相关法律法规》，中国方正出版社1995年版，第33页。

[3] 王进喜、陈宜主编：《律师职业行为规则概论》，国家行政学院出版社2002年版，第125页。

[4] 北京市律师协会组编：《境外律师行业规范汇编》，中国政法大学出版社2012年版，第248页。

行）》第 11 条[1]规定了 5 种禁止性的业务推广信息发布方式，禁止艺术夸张形式发布信息、禁止在公共场所散发推广文件、禁止向不特定对象发送批量垃圾广告、禁止在司法机关附近发布推广信息、禁止用其他不当方式发布信息，通过列举和兜底条款相结合的方式全面规制了律师业务广告的发布方式。

（三）合法性规则

合法性规则是真实性规则的必然要求。早在 1987 年 10 月国务院就发布了《广告管理条例》，第 4 条[2]规定了禁止垄断和不正当竞争行为，第 8 条[3]规定违反法律、法规、损害民族尊严的广告信息不得刊播。《广告法》第 3 条要求广告主发布广告要做到真实、合法，第 5 条[4]规定发布广告要遵守法律法规，这便是广告合法性规则的法律依据。广告的合法性要求广告的形式和内容都必须遵守法律和行政法规的规定[5]，不得违背公序良俗或者损害他人利益，这主要是从消费者权益保护的角度出发的。

---

[1]《律师业务推广行为规则（试行）》第 11 条规定："禁止以下列方式发布业务推广信息：（一）采用艺术夸张手段制作、发布业务推广信息；（二）在公共场所粘贴、散发业务推广信息；（三）以电话、信函、短信、电子邮件等方式针对不特定主体进行业务推广；（四）在法院、检察院、看守所、公安机关、监狱、仲裁委员会等场所附近以广告牌、移动广告、电子信息显示牌等形式发布业务推广信息；（五）其他有损律师职业形象和律师行业整体利益的业务推广方式。"

[2]《广告管理条例》第 4 条规定："在广告经营活动中，禁止垄断和不正当竞争行为。"

[3]《广告管理条例》第 8 条规定："广告有下列内容之一的，不得刊播、设置、张贴：（一）违反我国法律、法规的；（二）损害我国民族尊严的；（三）有中国国旗、国徽、国歌标志、国歌音响的；（四）有反动、淫秽、迷信、荒诞内容的；（五）弄虚作假的；（六）贬低同类产品的。"

[4]《广告法》第 5 条规定："广告主、广告经营者、广告发布者从事广告活动，应当遵守法律、法规，诚实信用，公平竞争。"

[5] 于林洋：《广告荐证的法律规制研究》，西南政法大学 2011 年博士学位论文，第 60 页。

任何权利都应该遵守规章制度，律师广告也应遵循合法性规则。除了要遵守有关规范确立的规定以外，律师及律师事务所还要遵守司法部、中华全国律师协会以及各地司法行政机关和律师协会关于广告宣传的规定，在进行广告宣传时必须做到遵守法律法规和行业纪律。

四、律师广告行为的禁止性规则

2018 年全国律协出台的《律师业务推广行为规则（试行）》规定了五大禁止规则：禁止夸大宣传规则、禁止关系宣传规则、禁止贬损同行规则、禁止承诺宣传规则和禁止低价竞争规则。

（一）禁止夸大宣传规则

律师广告不仅应当是真实的，还应当是准确的，不应该包含欺骗、虚假或者夸大的因素，即禁止进行夸大宣传。如若不限制律师的宣传，部分律师在打广告时为了招揽客户会冠之以夸张字样，可能造成当事人的误解，最后结果没有达到预期，将会产生一系列纠纷，同时也有损律师职业的群体形象。[1] 因此，必须对律师广告的内容严格把控，在进行广告宣传时要做到实事求是地披露信息。

禁止夸大宣传需要避免绝对化用语。“最高的服务品质”“婚姻专家权威”“最佳辩护律师”等用词，属于当事人在接受律师或者律师事务所提供的法律服务之后自愿做出的评价，属于个人主观的评判。此外，《律师业务推广行为规则（试行）》第 9 条规定律师广告中不得自称其为某一专业领域的权威人士或者权威单位。当然，有关机构会开展“十佳律师”“全省优秀律师”“全国优秀律师”等荣誉称号的评定，对此，《律师业务推广行为规则（试行）》第 8 条规定：“律师、律师事务所业务推广信息中载有荣誉称号的，应当载明该荣誉的授予时间和授予机构。”因此，如果律师、律师事务所在业务推广信息中

---

1 吴晨：《规范业务推广行为，树立良好社会形象——解读〈律师业务推广行为规则（试行）〉若干禁止性规定》，《中国律师》2018 年第 3 期，第 75 页。

提到荣誉称号必须有授予时间和授予主体的依据，并且在广告中清楚载明，而不能随意捏造、自封荣誉称号。

（二）禁止关系宣传规则

禁止关系宣传是防止关系案、权力案、金钱案，维护司法公正的要求。《律师业务推广行为规则（试行）》第 10 条第 3 款规定，禁止向当事人显示其与司法人员存在特殊关系。关系宣传属于一种误导性行为，如若律师或律师事务所通过透露与案件相关的部门工作人员存在特殊关系，会使当事人对该律师或律师事务所产生除其业务能力外的信赖感，当事人会认为律师或律师事务所可通过特殊关系开展辩护业务，有助于其获得非法或者不当诉讼利益。

禁止关系宣传是确保司法公正廉明的应有之义。“认识的法官越多，律师就越好”，这一观点长盛不衰。[1] 对于当事人而言，为了获胜自然会想委托“有关系”的律师，因为他们认为这样的律师才极有可能帮助自己赢得想要的诉讼结果。在此次政法队伍教育整顿之际，中央政法委书记、全国教育整顿领导小组组长郭声琨就提出要设立政法干警违纪违法举报平台，加大对办人情案、金钱案、充当司法掮客等违纪违法情形的查处力度。[2] 在律师业务中进行关系宣传，违背了法律规定和律师职业道德，败坏了律师服务行业的风气，理当受到禁止、查处。

（三）禁止贬损同行规则

禁止贬损同行规则是指律师或律师事务所在进行律师业务广告宣传的过程中，不得与其他律师或律师事务所进行恶意比较、胡乱诋毁。《律师业务推广行为规则（试行）》第 10 条第 4 款要求“律师事

---

[1] 陈碧：《谁为律师辩护：给所有喜欢律师、讨厌律师、想当律师、想请律师的人》，中国法制出版社 2011 年版，第 45 页。

[2] 陈慧娟：《全国政法队伍教育整顿动员部署会议召开》，《光明日报》2021 年 3 月 1 日，第 4 版。

务所和律师不得以诋毁其他律师事务所、律师或者支付介绍费等不正当手段承揽业务”。律师事务所和律师贬低、诋毁其他律师或律师事务所的方式属于不正当竞争手段。

确立禁止贬损同行规则是对《广告法》的践行。《广告法》第13条要求经营者在发布广告时不得存在贬损同行经营者的行为。随着法律商业主义的日渐兴起，律师业务也逐渐具备了市场化的某些属性，律师和律师事务所之间产生竞争正是市场化属性的体现。良好的竞争环境可以促进市场结构优化，优胜劣汰也能促进律师行业的长足发展。但通过贬损同行使消费者对其他律师和律师事务所的业务能力和专业水平产生误解，从而抬高自身地位的这种行为，实际上是陷入了业务宣传的误区，且是对市场公平秩序的破坏，理应受到规制。

（四）禁止承诺宣传规则

律师广告中的禁止承诺宣传规则是指律师及律师事务所在广告宣传时不得向当事人承诺胜诉。《律师业务推广行为规则（试行）》对律师和律师事务所进行广告宣传的行为设定了禁止条款，规则第10条第5款明确禁止承诺办案结果。律师承办业务，应当根据委托人提供的事实和证据办案，可以提出分析性意见和面临的法律风险，不得用明示或者暗示方式作出不当承诺。

律师不是“法师”，“法师”才会口若悬河，忽悠当事人，保证、承诺结果。律师应本着案件的客观事实与证据，在法律允许的范围内帮助当事人争取最大权益。律师在司法裁判活动中，自始至终的目的只有一个，即为客户提供专业的法律服务，服务结果受制于多种因素的相互作用，需通过原被告双方举证质证、主张答辩，配合法庭调查来查明，律师不应当也不可能对结果作出承诺。当然，律师做适当的预测是正当的执业行为，不属于禁止内容。

（五）禁止低价竞争规则

确立禁止低价竞争规则有利于防范律师执业不正当竞争行为。律师业务的收费标准作为当事人在挑选律师时最关注的因素之一，减低收费无疑能刺激当事人的选择，出于这一因素的考量，“降低收费”逐渐成为律所扩大案源的一个办法。《反不正当竞争法》并未将商品或者业务的销售价格列入不正当竞争的考虑要素[1]，但《律师业务推广行为规则（试行）》第 10 条第 8 款规定，无正当理由，以低于同地区同行业收费标准为条件争揽业务属于律师执业不正当竞争行为。2021 年 5 月 6 日，长沙市律师协会通报了一起案例：湖南长沙一律所在代理一起民事案件时，最低可收取律师服务费 41 万元，但实际上仅收取了 5000 元。[2] 该律协最终认定该律师收费过分低于指导标准，构成不正当竞争，对涉事律所和律师严某某给予警告的行业处分。

低价竞争是违背公平竞争原则、诚实信用原则的体现。[3] 需要明确的是，律师和一般商品或服务提供者的区别在于，律师法律服务具有一定的公共性，合理的收费是律师能够提供尽职代理的基本保障。促进律师行业有序发展，创造提供优质服务、公平竞争的市场环境，还需行业内部自身约束宣传行为，通过提升自身服务水平增加竞争能力，而不是用降低服务费用的方式进行竞争。同时应当注意的是，律师和律师事务所基于各种原因减低收费是被允许的。

五、律师广告配套规则：执业信息公开

律师执业信息公开规则是指通过报纸、杂志、广播、电视以及互联网等媒介将律师和律师事务所的与执业有关的信息公之于众。[4] 2016 年 6 月 13 日，《中共中央办公厅、国务院办公厅关于深化律师制度

1 吴晨：《律师业务推广行为规则剖析》，《中国司法》2018 年第 3 期，第 58 页。

2 《长沙一律所因收费过低被警告处分，不正当竞争的危害性》，https://baijiahao.baidu.com/s?id=1701532168007486348&wfr=spider&for=pc，访问日期：2021 年 6 月 20 日。

3 李兴华：《关于王致和商标海外被抢注案的案例分析》，兰州大学 2011 年硕士学位论文，第 9 页。

4 谭世贵：《推进律师执业信息公开》，《中国社会科学报》2017 年 3 月 15 日，第 5 版。

改革的意见》提出，要实行律师不良执业信息记录披露和查询制度。实行不良执业信息记录披露和查询制度也即推进律师执业信息公开。2018年《律师业务推广行为规则》出台，首次对律师执业信息公开进行规定，要求律师和律师事务所在业务推广的过程中要及时将有关信息进行公开，以便当事人查阅。

律师执业信息公开规则是律师广告行为首先应当确立的规则。《欧洲法律职业核心原则宪章和欧洲律师行为准则》第2.6.1条规定："律师有权将其所提供的服务信息告知公众，前提是该信息准确、无误导性，并符合保密义务和其他职业核心价值的要求。"第2.6.2条规定"在符合前款法条要求的情况下，律师可以在任何媒体进行个人宣传，例如报刊、广播、电视、电子商业信息等"。可见，律师执业信息公开是律师和律师事务所作为广告主体理应承担的义务。律师业务广告的目的在于让公众知晓律师和律师事务所的存在，以便其可以根据个人需要选择律师，而选择是一个相互的过程，当事人在选择律师时当然有权对律师情况进行了解。但整个律师行业的信息透明度却并不高，无法满足人民群众对法律服务的知情权和选择权。

律师执业信息公开规则促进律师服务市场发展。为进一步方便群众找法，优化法律服务环境，规范法律服务市场管理，2019年，湖南省郴州市永兴县司法局在县城主要办事窗口单位以及全县乡镇、村（社区）显要位置张贴"永兴县执业律师信息公示牌"，公示牌上涵盖了永兴县域内执业律师、基层法律工作者的姓名、执业单位、执业证号、咨询电话以及永兴县司法局监督电话等信息。[1]这正是贯彻律师执业信息公开规则的体现，极大地方便了广大群众，同时净化了法律服务市场，杜绝了"假律师"无证执业现象，提高了法律服务人员的法律服务质量。

---

[1] 陈俊卿：《永兴：公开执业律师信息让群众找法更方便》，永兴县人民政法门户网站，http://www.yxx.gov.cn/gzdt/zwxw/content_3012094.html，访问日期：2021年8月6日。

当前律师执业信息公开仍不成熟，还需不断完善。一是律师执业信息公开的主体。对这一信息公开负有义务的主体应为对律师及律师事务所负有管理职责的司法行政机关和律师协会。尽管各地司法局和律师协会网站上都记载了律师的基本信息，但由于资源分布较广且信息种类不全，导致在实践应用中极为受限。目前查询律师信息主要依靠“律搜搜”这一企业网络平台，该平台对海量公开的法律数据信息进行量化整理，委托人可通过城市地域、专长领域、律师姓名等筛选律师，点击律师姓名查看具体信息。二是律师执业信息公开的内容。当事人选择律师不仅要考虑收费标准、律师专长，还要考虑律师是否违规等信息，这些因素都会影响到对律师的选择，而在目前建立的律师信息查询平台中，还尚未将律师及律师事务所违规情况、惩戒信息等不良信息纳入。

本章小结

随着2018年《律师业务推广行为规则（试行）》的施行，我国形成了比较全面的律师广告法律体系，确立了律师广告应当遵循的原则、准则，但从实践来看，有关规则的条文规定体系化不够，导致在实务界尚未形成规则意识。为此，笔者建议，对《律师业务推广行为规则（试行）》和其他法律中的律师广告规则条款进行整合，形成以下律师服务广告的主要规则。

（1）重申律师广告行为的一般规则。对原第3条进行重组，结合第10条中有关一般广告规则的规定，将真实性、适当性以及合法性规则的内容分别用条款进行表述。

（2）全面规定律师执业信息公开规则。将原规则的第6条和第7条进行合并，并结合2016年《关于深化律师制度改革的意见》中提及的“实行律师不良执业信息记录披露和查询制度”，作为保障律师广告发展的配套措施。此外，将原规则中的“可以”改为“应当”，强化广告主进行广告宣传时的自我信息披露义务。

（3）全面规定律师广告行为的禁止性规则。删除原第9条关于禁止夸大宣传的规定，将之与第10条的第1款进行合并。同时对原第10条中的禁止性行为进行整理，删除有关一般广告规则的行为，最后形成律师广告行为的五大禁止性规则：禁止夸大宣传、禁止关系宣传、禁止贬损同行、禁止承诺办案结果以及禁止低价竞争。

修改、整合后的条文如下：

第三条 【律师广告行为的一般规则】律师、律师事务所进行业务推广不得损害律师职业尊严和行业形象。

（一）【真实性规则】律师业务推广内容应当真实、严谨，不得与登记注册信息不一致、不得含有误导性信息，推广时还应做到公平、诚实竞争。

（二）【适当性规则】律师业务推广方式应当得体、适度，不得使用中国、中华、全国、外国国家名称等字样，或者未经同意使用国际组织、国家机关、政府组织、行业协会名称以及与律师职业不相称的文字、图案、图片和视听资料。禁止以下列方式发布业务推广信息：（1）采用艺术夸张手段制作、发布业务推广信息；（2）在公共场所粘贴、散发业务推广信息；（3）以电话、信函、短信、电子邮件等方式针对不特定主体进行业务推广；（4）在法院、检察院、看守所、公安机关、监狱、仲裁委员会等场所附近以广告牌、移动广告、电子信息显示牌等形式发布业务推广信息；（5）其他有损律师职业形象和律师行业整体利益的业务推广方式。

（三）【合法性规则】律师或律师事务所进行业务推广应当保护客户信息，不得明示或者暗示提供回扣或者其他利益，还应当遵守法律、法规、规章、行业规范。

第六条 【律师执业信息公开规则】律师个人发布的业务推广信息应当醒目标示律师姓名、律师执业证号、所任职律师事务所名称，还应当包含律师本人的肖像、年龄、性别、学历、学位、执业年限、律师职称、荣誉称号、律师事务所收费标准、联系方式，依法能够向社会提供的法律业务范围、专业领域、专业资格等。

律师事务所发布的业务推广信息应当醒目标示律师事务所名称、执业许可证号，还应当包含律师事务所的住所、电话号码、传真号码、电子信箱、网址、公众号等联系方式，以及律师事务所荣誉称号、所属律师协会、所内执业律师人员情况、律师事务所收费标准、依法能够向社会提供的法律服务业务范围简介。

律师和律师事务所如若存在不良执业信息，还应当在业务推广时为客户提供查询渠道，以便当事人进行选择。

律师事务所业务推广信息中包含律师个人信息的，应当符合第一款的规定。

第十条 【律师广告行为的禁止性规则】律师、律师事务所进行业务推广时，不得有下列行为：

（一）【禁止夸大宣传】虚假、误导性或者夸大性宣传；自我宣称或者暗示其为公认的某一专业领域的专家或者专家单位。

（二）【禁止关系宣传】明示或者暗示与司法机关、政府机关、社会团体、中介机构及其工作人员有特殊关系；在非履行律师协会任职职责的活动中使用律师协会任职的职务。

（三）【禁止贬损同行】贬低其他律师事务所或者律师的，或与其他律师事务所、其他律师之间进行比较宣传。

（四）【禁止承诺办案结果】承诺办案结果；宣示胜诉率、赔偿额、标的额等可能使公众对律师、律师事务所产生不合理期望。

（五）【禁止低价竞争】不得以不收费或者减低收费（法律援助案件除外）方式承揽业务。

当然，本章的目的是研究律师广告规则的体系化，不可能对律师广告立法进行面面俱到的论述，在整合上述规则后，禁止第三方通过广告在律师业务中提成、违背律师广告规则应当承担法律责任的条款等还应当保留。

第七章　律师庭外言论规则的监管方式

正因为律师庭外言论存在利弊共存的问题，国际准则和各国规则对律师庭外言论都有规范，以防止律师发表影响司法公正和违背职业伦理的不当言论。规范律师庭外言论涉及两个方面的问题：一是律师能说什么，即确立律师庭外言论的边界；二是采用什么方法进行监管，即对律师言论的监管手段。本书第二至第六章解决的是第一个方面的问题，本章针对第二个方面的问题，即对律师庭外言论的监管方式进行研究。

一、律师庭外言论的域外监管方式

国际规则规定了律师庭外言论的边界。和国际规则的通常规范模式一样，它只是通过义务性规范、禁止性规范和授权性规范为各国制订国内立法提供了指引，但对于律师言论的监管模式没有进行规定。从世界各国的情况来看，域外存在两种监管模式。

（一）英美国家的事前缄口令＋事后处罚模式

英美法系国家的法院常常采取司法缄口令的形式对律师庭外言论进行限制。缄口令又称为限制令、禁言令，是指法院颁布的要求被限制对象不发表言论的命令，具体类型包括针对被告、媒体和律师的缄口令。对于违背事前缄口令的，要对违法行为进行事后处罚。

英国1981年的《藐视法庭法》第4条第2项规定：当法院在有必要采取措施或防止对司法程序产生损害时，有权发布缄口令要求媒体推迟对某些案件的报道。[1]这一规定同样适用于律师向媒体发表言论或者直接发表自媒体言论。当然，法院发布缄口令也必须满足一定的条件，这些条件包括发布的形式是法院令，必须满足发布的紧迫性与必要性，以及推迟报道的期限具有有限性等。

从事后处罚来看，英国法院曾经享有对律师的处罚权，但随着律师自治发展起来，法院逐渐放弃了对律师个人的处罚权，只保留对律师协会处罚权的监督权。[2]《藐视法庭法》规定了律师藐视法庭的严格责任，"严格责任原则"指律师庭外言论行为虽无主观意图，但有干扰了法律程序的后果，也可认定为藐视法庭。[3]同时，《藐视法庭法》第 49 章第 5—17 条规定了对媒体、律师和其他公民违法发表庭外言论、干扰法律程序行为可以处以监禁、罚金；既可以是民事处罚，也可以是刑事处罚。

美国也通过法院发布缄口令的方式限制媒体报道。虽然这种做法在美国普通法中早已存在，但真正被法官广泛采用，并在宪法上确立其合法性，是在 1966 年的"谢泼德诉马克思威尔"案（Sheppard v. Maxwell）[4]之后。该案为限制律师庭外言论提供了宪法依据。[5]但是，1976 年的"内布拉斯加新闻协会诉斯图尔特"案（Nebraska Press Association v. Stuart）[6]之后，实际上废除了针对新闻媒体的缄口令，

---

1 英国《藐视法庭法》（1981）第 4 条第 2 项规定：关于正在进行的诉讼程序或任何其他处于未决或迫近状态下的诉讼程序，当似乎有必要采取措施以避免对相关司法程序造成损害的时候，法院可以命令，在其认为有必要的一段时间之内，推迟对相关诉讼程序或诉讼程序的某一部分所作的报道。

2 张迎涛：《律师协会惩戒权比较研究》，载胡建淼主编：《公法研究》，浙江大学出版社 2009 年版，第 449—455 页。

3 英国《藐视法庭法》（1981）第 49 章第 1 条。

4 Sheppard v. Maxwell，231 F. Supp. 37 (S.D. Ohio 1964).

5 高一飞：《美国的司法缄口令》，《福建论坛（人文社会科学版）》2010 年第 8 期，第 152 页。

6 Nebraska Press Association v. Stuart 427 US 539 (1976).

但仍然保留了针对律师的司法“缄口令”。

最近几年，美国刑事被告人在案件调查和审判期间选择以鲜明的姿态发动媒体宣传活动的案子多了起来，律师在其中也起到了非常重要的作用，缄口令受到越来越多的质疑，主要表现在以下几个方面：

（1）针对律师和检察官的缄口令在执行上的区别对待，容易导致司法不公。在美国，司法缄口令的约束对象既包括律师也包括检察官，但在实践中，缄口令难以在控方检察官和辩方律师之间平等执行。例如，在“金泰尔”案中，辩护律师金泰尔因召开新闻会议而受制裁，但是检察官却不会因召开自己的新闻会议而被指责。[1] 由于法官在司法实践中很少颁发针对检察官的缄口令，这违背了控辩平等对抗的原则，造成了控辩双方实际上的地位不平等。

由于检察官的起诉书具有指控犯罪嫌疑人犯罪行为的性质，并且起诉书向社会公布是司法信息公开的最低要求，因此，当公众接触到起诉书的内容时，往往已经产生了这样的认知：起诉书是说明犯罪嫌疑人有罪的强有力证明。当起诉书公之于众时却要求辩护律师保持沉默，这是不公平的。[2] 因此，辩护律师应该有向媒体表达有利于其委托人言论的机会。缄口令在未来是否还有存在的必要，同样值得反思。

（2）针对新闻媒体的缄口令可能因为新闻机构不位于法院辖区而不具备有效性。当媒体报道可能影响司法公正、泄露国家秘密等重大公共利益时，相关方可以向法院申请媒体禁言令。[3] 由于当新闻机构位于法院管辖范围内时，法院的管辖权才具有强制性，这样就限制了法庭命令的有效力。在 1976 年“内布拉斯加新闻协会诉斯图尔特”案[4]

---

1 Gentile, 501 U.S. at 1051.

2 Loretta S. Yuan and Gag, “Orders and the Ultimate Sanction”, *Loyola of Los Angeles Entertainment Law Journal*, Symposium: International Rights of Publicity, 1998, p. 643.

3 王也：《美国法上的禁言令——媒体与司法关系的研究视角》，山东大学 2020 年硕士学位论文，第 1 页。

4 Nebraska Press Association v. Stuart 427 US 539 (1976).

中，联邦最高法院指出，发布缄口令的前提条件是证明该事先限制命令的有效性。该要求实际上并不容易达成，原因是现代媒体实际上是全球性的、没有国界的，而法院的缄口令只能在辖区内有效，律师和当事人完全可以通过辖区以外的媒体发表言论而起到在辖区内发表的相同作用。在这样的情况下，是否还能有效实施缄口令，同样是不确定的。

同样，美国对律师违反缄口令的处罚，既有行业处罚，也有民事处罚和刑事处罚。

（1）关于违背缄口令的纪律处罚。对违背缄口令的纪律处罚是指律师协会内部的职业纪律处罚，具有行业自律的性质。在美国，一般由州最高法院或议会授权成立一个独立的机构，该机构的经费来源是各州收取的律师年费、营业税或职业税，职责范围是对公众提出的关于律师或检察官的不良职业行为的申诉或指控进行调查和处罚。具体的处罚方式按程度由轻到重可分为公开批评、吊销律师执业资格和永久取消职业资格三种。其中，吊销律师执业资格既可以是固定的一段时间，也可能是无期限吊销。卡特尔是因违背缄口令被提起刑事指控并处以纪律处罚的第一位律师，由于无视法官数次警告，反复与媒体交流，卡特尔被判处了 90 天的监禁和 600 个小时的非法律社区服务，同时被纽约东区律师协会吊销 180 日的从业资格。[1]美国各州律师协会纪律委员会或各州最高法院还可以永久取消违反缄口令的律师的执业资格。一旦被处罚，即使这位律师后来改正了他的行为，也将失去重新执业的机会。

（2）关于违背缄口令的法律处罚。美国法律规定了民事藐视和刑事藐视这两种藐视法庭的行为，在实践中，审判法院是联邦法院还是州法院，案件是民事案件还是刑事案件，以及案件具体发生在哪个州，适用的惩罚规则也各不相同。对于律师的不当庭外言论，法官会按照藐视法庭处罚，处罚措施包括罚款、谴责、停止侵害，取消律师

---

[1] Cutler, 58 F. 3d at 832.

资格和监禁。[1]刑事藐视往往会招致更严厉的处罚，辩护律师如果违反了与媒体之间的言论规则，则有可能被处以藐视法庭罪，最终面临监禁的处罚。[2]这种处罚将会对律师的执业行为产生不利影响，督促律师时刻警惕自己的行为是否失范或越界。

（二）大陆法系及混合法系国家的事后惩罚模式

大陆法系及混合法系国家在处理司法与媒体之间的关系问题上采取比较宽松的做法，一般不会对新闻媒体进行预先限制，而是采取“事后惩罚模式”。

法国对律师庭外言论采用原则性保护的模式，但并不提倡律师发表庭外言论。在律师广告方面，根据法国《国家律师职业内部规定》第 10.2 条规定，“律师的交流包括个人宣传和专业信息”[3]，其可以在交流中提及他所受托的任务和提供的服务，前提是这些信息真实、无误导、不含贬低或比较、不会造成公众产生不存在的执业机构的认识。[4]这一规定主要针对的是律师的广告行为。

虽然法国国家法律并未对律师庭外言论作出原则性的规定，但在地方性规则中得到了细化。根据《巴黎律师内部规则》第 10.0.1 条，“律师可以在他选择的领域并根据他认为适当的方式自由表达自己的意见”“如果律师就当前案件或与专业活动有关的一般问题发表声明，他必须表明他以何种身份发言并保持特别警惕”。[5]《巴黎律师公会规

[1] H. Morley Swingle, “Warning: Pretrial Publicity May Be Hazardous to Your Bar License,” *J. Mo. B.*, vol. 50, 1994, pp.335-338.

[2] Loretta S. Yuan and Gag, “Orders And The Ultimate Sanction” , *Loyola of Los Angeles Entertainment Law Journal*, Symposium: International Rights of Publicity, 1998, p. 643.

[3] CNB Règalement Intérieur National de la profession d’avocat (RIN) (Version consolidée au 18 janvier 2021), 10.2.

[4] CNB Règlement Intérieur National de la profession d’avocat (RIN) (Version consolidée au 18 janvier 2021), 10.2.

[5] Règlement Intérieur du Barreau de Paris (Date de notre dernière mise à jour 26 juillet 2021).

程》第 10.2 条规定的禁止事项中指出，“所有欺诈性广告或含有不准确的或虚假信息的广告”都是被禁止的。第 21.2.6.1 条规定：“律师可以向公众告知其所提供的服务，但前提是所提供的信息必须真实，并严格遵循职业保密原则和其他律师职业的基本原则。”为防止律师被追责，法国大多数地方律师协会内部章程都规定，当律师在媒体发表意见时，必须严格做到只能包括理论性的判断，而不含有对案件专门问题的回答。[1] 由此可见，虽然法国并不禁止律师发表庭外言论，但要求其“只能包括理论性的判断”。

德国对律师庭外言论持原则性保护的立场。德国《联邦律师法》对律师庭外言论的规定较少，只针对律师的保密义务[2]、言论真实义务[3]、广告行为[4]有明文规定。《德国联邦律师条例》第 43a 条第 2 款规定了律师有保持沉默的义务和在诉讼中不发表有违客观言论的义务。德国律师委员会制定的《律师职业守则》中关于律师言论的描述也较为简略，第 2.2 条规定了律师应当避免在媒体面前表现出意图耸人听闻地宣扬本人或其处理的案件。[5] 这一条款主要针对的是律师的广告宣传行为。第 6.1 条规定：“律师可以提供个人信息和有关其服务的信息，前提是所提供的信息是客观的并与其专业活动相关。”[6] 因此，虽然德国法律规范并不禁止律师发表庭外言论，但有“客观”发表言论的义务。

---

[1] 吴晨：《监管庭外言论和司法评论的域外范例》，《中国律师》2017 年第 9 期，第 56 页。

[2] Bundes rechts anwalts ordnung (BRAO), § 43a (2).

[3] Bundes rechts anwalts ordnung (BRAO), § 43a (3).

[4] Bundes rechts anwalts ordnung (BRAO), § 43b.

[5] 德国《律师职业守则》第 2 条第 2 款规定：“律师在出席法庭时在与报刊、广播及电视的关系中，应避免表现出意图耸人听闻地宣扬本人或其处理的案件。”

[6] Berufs ordnung (BORA) in der Fassung vom 01.01.20201, § 6 (1).

日本《律师法》[1]和日本律师联合会制定的《律师基本职责规定》[2]《律师职业道德》[3]中均未提及律师庭外言论，只是针对律师的保密、广告等行为进行了具体规定。例如，日本的《律师职务基本准则》第9条规定："律师进行广告或宣传时，不得提供涉及虚假或误导的信息。"[4]这实际上是律师庭外言论必须遵循真实性规则和合法性规则的体现。

意大利对律师庭外言论持原则性保护态度，并对其进行了明文规定。意大利的《法律职业新规》第10条规定，"律师可以发布关于其专业活动、公司组织结构、任何专业以及所持有的科学和专业资格的信息"。[5]意大利《律师行为准则》第18条规定了律师与媒体的关系，"律师需要遵守自由裁量权的原则和保密义务；经委托人的同意并且为了维护委托人的利益，只要不违反保密义务，律师可以向媒体提供信息"。[6]但在任何情况下，律师都得确保未成年人信息匿名。[7]可见意大利对于律师庭外言论也并不限制，但其言论不得违反保密义务，不得侵犯未成年人的合法权益。

---

[1]《弁護士法》（昭和二十四年法律第二百五号，令和二年法律第三十三号による改正）。

[2]《弁護士職務基本規程》（平成十六年十一月十日会規第七十号，改正平成二六年一二月五日）。

[3]《弁護士倫理》（平成二年三月二日臨時総会決議，改正平成六年一一月二二日）。

[4] 北京市律师协会组编：《境外律师行业规范汇编》，中国政法大学出版社2012年版，第785页。

[5] LEGGE 31 dicembre 2012, n. 247 1 Nuova disciplina dell'ordinamento della professione forense (aggiornato al 18 luglio 2020), Art. 11.1.

[6] CODICE DEONTOLOGICO FORENSE (approvato dal Consiglio nazionale forense nella seduta del 31 gennaio 2014 e pubblicato nella Gazzetta Ufficiale Serie Generale n. 241 del 16 ottobre 2014), Art.18.1.

[7] CODICE DEONTOLOGICO FORENSE (approvato dal Consiglio nazionale forense nella seduta del 31 gennaio 2014 e pubblicato nella Gazzetta Ufficiale Serie Generale n. 241 del 16 ottobre 2014), Art.18.2.

大陆法系各国对律师的庭外言论，采用的是事后规范的模式，即律师不会接到发表言论的事前禁令，而是采用一般法律规范模式：在规范上确定行为指引，授权（可以）或者禁止（不得）律师发表特定言论，对于违背禁止性条款的律师，事后根据律师法或者行业守则对其进行处罚。如日本律师律协对律师的处罚具体包括四种，即警告、两年以内的停止执业、退会命令、除名；对律师事务所的处罚也有四种，包括警告、律师事务所停业或者律师事务所两年内停业、退会命令、除名。[1]法国、德国、意大利的律师管理规范都作了类似的规定。

（三）域外律师言论监管模式的比较

在英国和美国，对于律师的庭外言论监管采用的是事前缄口令＋事后处罚的模式。应当指出的是，事后惩罚并不以违背缄口令为前提，即违背缄口令的言论行为固然可以被处罚；在没有发布事前缄口令的前提下，如果法官发现律师的言论是扰乱法庭秩序的，同样可以对言论发布者进行处罚。

大陆法系国家和部分混合法系国家采用专业法官审判的审判模式，与英美法系国家具有不同的诉讼传统文化，由于没有陪审团，其审判案件的工作通常由专业法官完成或者由专业法官和陪审员混合组成的合议庭完成，公众舆论对理性的专业法官影响较小，律师庭外言论对司法公正影响的程度也很有限。因此，上述国家没有采用缄口令模式，而是仅仅采用事后惩罚模式。

二、中国对律师庭外言论的综合治理模式

现代国家的管理模式逐渐从“监管”变为“治理”。张新宝教授认为我国对网络有害信息的治理采用了综合治理模式[2]；高一飞教授首

---

[1] 《弁護士法》（昭和二十四年法律第二百五号，令和二年法律第三十三号による改正），第五十七条（2）。

[2] 张新宝：《互联网有害信息的依法综合治理》，《现代法学》2015年第2期，第53—66页。

次提出，中国的媒体与司法关系规则采纳了综合法理模式，律师言论规则的本质是律师与媒体关系，是媒体与司法关系的一部分。[1]中国对律师庭外言论的监管同样采取了综合治理模式，这一模式通过事前制止、事中“停止传输”、事后删除与责任追究措施相结合的方式监管律师不当言论。

（一）事前告诫措施

事前制止措施可以通过司法行政机关或者行业协会责令律师事务所根据《律师事务所管理办法》来完成。根据《律师事务所管理办法》第 50 条规定：“律师事务所应当依法履行管理职责，教育管理本所律师依法、规范承办业务，加强对本所律师执业活动的监督管理，不得放任、纵容本所律师有下列行为……”该条之（一）（二）（三）（六）列举了四种与律师言论有关的情况。根据律师正在办理的案件可能出现违法言论的具体情况，律师事务所可以通过监督管理进行事前警告、制止。2021 年《关于禁止违规炒作案件的规则（试行）》第 10 条规定：“律师事务所应当严格履行管理职责，建立健全内部管理制度，禁止本所律师违规炒作案件，发现问题及时予以纠正。律师协会应当加强律师职业道德和执业纪律培训，教育引导律师明晰执业底线和红线，依法依规诚信执业，自觉抵制违规炒作案件行为。”要求事前通过内部管理制度禁止律师发表违规言论、教育律师遵守这一规则。这一做法类似于英美国家缄口令制度，但英美两国的缄口令在程序上通过法院的司法命令来完成，我国的事前制止措施是中国特色的缄口令制度，实践中，大部分律师能够遵守管理制度。违背管理制度的，有关机构通过事后的行政处罚、纪律处分、律师事务所解聘涉事律师等方式对律师进行行政处罚、纪律处分、内部处理，以此倒逼事前制止措施的有效实施。

[1] 参见高一飞：《互联网时代的媒体与司法关系》，《中外法学》2016 年第 2 期，第 486—517 页。

（二）事中制止措施

事中“停止传输”措施，即通过媒体管理对律师违法违规言论采取“停止传输”措施。有害信息治理技术的核心是有害信息的发现技术。[1] 目前，许多国家均实施了内容过滤政策：例如，欧盟采取技术措施处理有害内容；日本总务省通过过滤系统防堵犯罪、色情与暴力的网站；美国的中小学电脑对违法网站进行屏蔽；新加坡等“严格限制媒体”要求网络服务提供商（ISP）封堵关键词。[2]

我国法律也规定了对违法违规言论的事中“停止传输”措施。《关于禁止违规炒作案件的规则（试行）》第 10 条[3] 规定，律师事务所、律师协会的及时纠正义务，实际上就是“发现即制止”的事中停止传输行为。另外，我们可以通过网络运营者、国家网信部门和网络警察执法直接查禁有害言论。1995 年第八届人大第十二次会议通过的《中华人民共和国人民警察法》（2012 年修正）第 6 条第 12 项规定，公安机关人民警察依法履行“监督管理计算机信息系统的安全保护工作”的职责。1997 年 12 月 11 日国务院批准的《计算机信息网络国际联网安全保护管理办法》第 10、15、18 条规定网络运营人有义务和公安机关计算机管理监察机构有直接或者通知有关单位关闭服务器和删除相关内容的权力。2017 年 6 月 1 日生效实施的《网络安全法》第 47、50 条规定了网络运营者和行政机关采取对违法言论的停止传输、消除信息、对境外信息阻断传播等措施的权力。

在司法实践中，司法行政机关、办理案件的司法机关会根据以上

---

[1] 参见高一飞：《互联网时代的媒体与司法关系》，《中外法学》2016 年第 2 期，第 486—517 页。

[2] 张新宝：《互联网有害信息的依法综合治理》，《现代法学》2015 年第 2 期，第 53—66 页。

[3]《关于禁止违规炒作案件的规则（试行）》第 10 条规定：“律师事务所应当严格履行管理职责，建立健全内部管理制度，禁止本所律师违规炒作案件，发现问题及时予以纠正。”

法律法规，及时要求网络管理部门、公安机关网络监督警察、网络运营者对律师的不当言论采取停止传输措施。

（三）事后删除与责任追究措施

《网络安全法》第 47 条规定对不良信息可以“采取消除等处置措施”，《关于禁止违规炒作案件的规则（试行）》第 11 条规定了律师违规炒作的事后删除与责任追究措施。[1] 我国于 2021 年 11 月 1 日施行的《个人信息保护法》第 4 条规定：“个人信息的处理包括个人信息的收集、存储、使用、加工、传输、提供、公开、删除等。”第 13 条规定，个人信息处理者可以“为公共利益实施新闻报道、舆论监督等行为，在合理的范围内处理个人信息”，以上规范规定了有关部门对律师不当言论可以采取的事后删除措施。此外，我国法律和律师行业规则还规定了对律师不当言论的刑事、行政和纪律责任。

通过刑法规定律师言论的犯罪行为与刑事责任。《律师法》第 49 条规定律师在 9 项违法行为中构成犯罪的，应当追究刑事责任。

通过行政处罚法规定律师的言论违法行为与行政处罚。《律师法》第 48、49 条规定了律师发表违法言论的处罚。

通过行业规定律师违纪行为与纪律责任。《律师法》第 46 条第 1 款第（六）项规定，律师协会应当履行对律师、律师事务所奖励和惩戒的职责。律师协会依据《律师协会会员违规行为处分规则（试行）》[2]

---

[1] 《关于禁止违规炒作案件的规则（试行）》第 11 条规定：“律师、律师事务所违反本规则规定的，律师协会应当通知律师和律师事务所限期改正，并根据《律师执业行为规范》《律师协会会员违规行为处分规则（试行）》等行业规范给予相应的纪律处分。律师、律师事务所有相关违法行为应当予以行政处罚的，律师协会应当书面建议司法行政机关作出相应行政处罚，并移交相关证据材料。”

[2] 该规则的制订、修订情况如下：1999 年 12 月 18 日第四届全国律协常务理事会第五次会议审议通过；2004 年 3 月 20 日第五届全国律协常务理事会第九次会议修订；2017 年 1 月 8 日第九届全国律协常务理事会第二次会议修订。

或者删除信息行为的证据困难。另外，网络运营者的过滤或者删除行为的抗辩与救济制度不健全，实际上，网络运营者过滤或者删除言论完全变成了一种没有制约的企业权力，可能侵犯网络使用者的言论自由。对于网络运营者的过滤或者删除行为，目前并没有法律加以规制。

为此，我国应当通过专门的立法，对网络信息的过滤或者删除行为进行监督，为被过滤或者删除信息的信息发布者提供救济手段。

（三）允许对律师行业纪律处分进行司法审查

律师因庭外言论可能受到的处罚总体上可分为四类：一是刑事处罚；二是民事责任；三是行政处罚；四是执业纪律处分。所受处罚不同，权利救济的方式也略有差异，因而权利的救济机关也不同。对于前面三种情况，我们有完备的刑事诉讼法、民事诉讼法、行政诉讼法规定的救济机制，但是，我国律师行业处分的救济机制不够健全，需要完善。

对于律师违规的处分，国际上大致形成了律师协会单独行使、律师协会和法院共同行使两种模式。

一种是处罚权由律师协会单独行使，事后可以接受司法审查。绝大多数国家采用这一模式。在德国，律师协会作出处罚后，律师对该结果不服的，可以向法院提起诉讼。德国属于律师协会与法院共同协作管理的模式。[1]英国出庭律师受到律师协会的惩戒后，可以向大法官提出申诉，大法官将指定特定的法官作为“巡视员”到该出庭律师所在的律师学院处理申诉。[2]律师受到停止执业处分时，可向高等法院上诉；对停止执业之外的其他处分，也可向高等法院上诉，对高等法院

---

[1] 北京市律师协会组编：《境外律师行业规范汇编》，中国政法大学出版社 2012 年版，第 557 页。

[2] 陶髦、宋英辉、肖胜喜：《律师制度比较研究》，中国政法大学出版社 1995 年版，第 207 页。

的决定可以向上诉法院或贵族法院上诉。[1]日本受惩戒的律师对地方律师惩戒委员会的决定不服的，可向日本辩护士（律师）联合会下设的惩戒委员会提出审查请求，惩戒委员会经审查后作出最终决议。律师可以就该决议结果向东京高等裁判所提起撤销之诉，对东京高等裁判所结果不服的，还可向最高裁判所上诉。[2]在法国，其原有的模式与日本相似，即先由律师协会审查处罚，事后可以提起司法诉讼。在上诉法院设立专门的律师处罚法庭，该法庭的法官由律师和法官共同组成[3]，对律师违规行为通过司法审查一次性完成。

另一种是美国模式，处罚权由律师协会和法院共同行使，由法院最终决定。在美国，律师协会向州最高法院提出惩戒建议，法院根据该建议采取准司法程序进行审理，其法律依据为美国律师协会制定的律师行为示范规则，最后法院对作出的处罚决定签署后生效。[4]

纵观域外律师惩戒权的行使，可以发现，律师协会的惩戒权普遍受到司法审查的监督和制约，律师可以寻求司法救济。

在我国，根据《中华全国律师协会章程》第 30 条的规定，“律师协会作出处分决定前，应认真听取当事人的申辩。作出暂停会员资格、取消会员资格的处分决定前，当事人有要求听证的权利。当事人要求听证的，律师协会应当组织听证。”但在当前的律师协会处罚机制下，如果受到惩戒的律师对惩戒决定不服的，只能通过行业内部的复查程序进行救济，无法向法院请求司法救济，外部的司法监督与纠偏程序被阻断。根据我国《行政诉讼法》，律师协会并不具有行政主体的资格，学界对律师协会作出的处分是否属于行政行为的争议仍然

[1] 北京市律师协会组编：《境外律师行业规范汇编》，中国政法大学出版社 2012 年版，第 30 页。

[2]《对律师的惩戒》，载日本辩护士（律师）联合会官网，https://www.nichibenren. or.jp/cn/barrister.html，访问日期：2021 年 8 月 1 日。

[3] 张迎涛：《律师协会惩戒权比较研究》，《公法研究》2009 年辑刊，第 449—455 页。

[4] 石毅：《中外律师制度综观》，群言出版社 2000 年版，第 328 页。

没有停止。[1] 笔者建议，可引入司法审查以保障律师的救济权。具体而言，受到惩戒的律师不服律师协会作出的复审决定的，可以向作出惩戒决定的律师协会所在地的中级人民法院提起撤销该处分的行政诉讼，通过司法监督的方式保障律师的救济权，同时也是对律师协会惩戒权的有效监督，实现行业处罚机制同司法审查的有机融合，促使律师自治制度朝着更为规范的方向运行。

本章小结

从世界各国的情况来看，中国律师言论监管的方式是最全面的，从事前、事中、事后对律师言论进行了全面监管，因而也取得了良好的效果。在一些著名的大案中，我们可以看到，案件从侦查到判决虽然都有律师的介入，但没有任何律师发声，避免了舆论炒作，保障了司法机关独立执法司法。

但也要看到的是，对著名案件，人民有知情权，律师的一片沉默也不是正常现象。只有划定律师言论边界，律师才有规矩可循。在针对律师言论的执法执纪中，管理机构应当坚持“法无授权不可为、法有授权不乱为”，严格按照法定的职权和程序执法执纪，才能使律师既能实现应有的言论自由权，又能避免不当言论，使律师庭外言论监管保持在合法有序的范围和方式之下。

将来的立法应当将2021年《关于禁止违规炒作案件的规则（试行）》第10条、第11条的内容扩大到所有律师不当言论的规制方式中，将其中的“违规炒作”改为“违规发表言论”，并增加要求及时删除的规则，建议条文内容如下：

> **第十条** 律师事务所应当严格履行管理职责，建立健全内部管理制度，禁止本所律师违规【发表言论】，发现问题

[1] 赵龙、杨林法：《律师协会处分行为之司法救济策论——以法律职业共同体之行政诉讼化解法律服务风险为视角》，《法律适用》2019年第23期，第11—19页。

及时予以纠正。

律师协会应当加强律师职业道德和执业纪律培训，教育引导律师明晰执业底线和红线，依法依规诚信执业，自觉抵制违规【发表言论】行为。

律师、律师事务所违反本规则的，由其所属的地方律师协会通过主动调查或根据投诉进行调查处理等方式进行监督管理。

律师协会收到人民法院、人民检察院、公安机关等办案机关告知律师存在违规发表言论行为的，应当开展调查，并及时反馈结果。

第十一条 律师、律师事务所违反本规则规定的，律师协会应当通知律师和律师事务所限期改正，【及时通知网监部门进行过滤和删除】并根据《律师执业行为规范》《律师协会会员违规行为处分规则（试行）》等行业规范给予相应的纪律处分。

律师、律师事务所有相关违法行为应当予以行政处罚的，律师协会应当书面建议司法行政机关作出相应行政处罚，并移交相关证据材料。

结语　兼评《关于禁止违规炒作案件的规则（试行）》

律师庭外言论是一把“双刃剑”。因此，应采取保护与限制相结合的方式规范律师庭外言论，以无害原则（“不损害审判程序”和“不损害律师职业伦理”）作为具体规范的底线和制定标准。无害原则有四个派生规则，第一派生规则为安全港规则：基于认可律师应“慎言”的职业要求，相关规范应明确列举律师可以发表的庭外言论情形，并将其纳入安全港规则项下。凡是安全港规则项下规定的言论内容，律师可在遵守其他庭外言论规则的前提下安全发表。同时这也意味着，律师一旦发表超出安全港规则项下的言论，就有被认定为不当庭外言论的风险。安全港规则对控辩双方均有拘束力，而一方一旦违反安全港规则，作为救济，法律应赋予另一方突破安全港规则的例外规则，这就是回应权规则。同时，律师发表庭外言论还需遵守真实性规则和保密性规则。

2021年10月15日，中华全国律师协会通过了《关于禁止违规炒作案件的规则（试行）》。应该说出台《关于禁止违规炒作案件的规则（试行）》本身就已表明规范律师庭外言论的重要性，以及行业协会规范律师庭外言论的努力。

一、《关于禁止违规炒作案件的规则（试行）》对规范律师庭外言论的意义

1. 为律师合法发表庭外言论留下了空间

《关于禁止违规炒作案件的规则（试行）》只规定不能发表“炒作”性的庭外言论，根据逻辑，有“炒作”性言论，自然就有“非炒

作”性言论。同时，该规则第 9 条规定：“律师、律师事务所在媒体、自媒体等平台，以文字、音视频等方式发表评论意见时，应核查信息真实性，确保意见专业合法，不得损害律师职业尊严和律师行业形象。”可以理解为律师在不“损害律师职业尊严和律师行业形象”的前提下，可通过自媒体等发表评论性意见。

2. 实际上确立了无害规则

《关于禁止违规炒作案件的规则（试行）》明确规定，制定本规则的目的是防止影响“案件依法办理”，以及“维护职业形象”和“维护司法公正”（第 1 条）；第 9 条规定律师发表评论性意见不得“损害律师尊严和律师职业形象”。《关于禁止违规炒作案件的规则（试行）》体现了律师庭外言论无害原则中“不得损害审判程序”和“不得损害律师职业伦理”的核心要义。

3. 体现了无害规则的部分派生规则

如《关于禁止违规炒作案件的规则（试行）》第 2 条规定不得发表“恶意诽谤他人的言论”，这体现了真实性规则。第 2 条同时规定，不得发表侵害国家安全的言论，这就包括了因泄露国家秘密而危害国家安全的言论，体现了“保密性规则”。该规则禁止两种“炒作性”言论：第一种是禁止违规发表与具体案件相关的言论，第二种是禁止违规发表与案件无关的言论（第 8 条、第 9 条）。第一种言论又分为两类情况：第一类是违规炒作案件（第 4 条），第二类是规范披露案情等泄密行为（第 5 条、第 6 条、第 7 条）。这两种被禁止的“炒作性”言论同样体现了保密性规则和真实性规则的内容。

4. 体现了对律师庭外言论“综合治理”的雏形

《关于禁止违规炒作案件的规则（试行）》第 10 条关于律师事务所、律师协会的及时纠正义务，实际上就是“发现即制止”的事中停止传输行为。第 11 条规定了律师违规炒作的事后删除与责任追究措施。

二、《关于禁止违规炒作案件的规则（试行）》需要进一步完善

1. 存在对律师言论的限制扩大化的问题

《关于禁止违规炒作案件的规则（试行）》标题使用的“炒作”一词并非法律用语，含义多种多样，以禁止“炒作”作为辩护律师庭外言论的标准，不容易形成可以操作和把握的规则，实践中可能被滥用。如该规则第 7 条规定，律师认为“生效判决”“确有错误”时，不得“炒作”案件，制造舆论压力。该规定如果被理解为：一旦“公开”就是“炒作”，可能会使得冤假错案、司法不公、司法腐败等情况失去向媒体公开的机会。另外，《关于禁止违规炒作案件的规则（试行）》将“联署签名”“发表公开信”“组织网上聚集”“声援”等规定为“炒作”的形式，其认定标准难以把握。一律禁止上述言论，也不具备合理性。

2. 没有确立保护律师言论自由权的安全港规则

《关于禁止违规炒作案件的规则（试行）》虽然没有明文禁止律师发表庭外言论，但对于是否可以发表态度暧昧，没有能明确列举不属于“炒作”的言论类型和方式。从立法技术的角度看，可以用列举或者举例的方式来弥补用语存在歧义的问题，并且可以起到指引的作用。从规范律师庭外言论的域外规则可知，明确列举律师可以发表的言论，即不属于“炒作”的言论，并将其纳入安全港规则的项下，是规范律师庭外言论的重要模式。例如，该规则第 3 条规定，当律师的权利受到不当阻碍或不当侵害时，律师的救济途径是“要求纠正”、向律师协会要求维权，向人民检察院申诉控告。这当然是律师依法维权的途径。但《关于禁止违规炒作案件的规则（试行）》没有明确律师在自身权利受到侵害时是否可以发表庭外言论。

3. 没有确立回应权规则

《关于禁止违规炒作案件的规则（试行）》没有关于回应权的规

定，而回应权规则是规范律师庭外言论规则中极其重要的一环，其作为突破安全港规则的例外性规则，既有充分的理论基础，也具有重要的规范意义。

4. 规范制定的技术方面显得粗糙

《关于禁止违规炒作案件的规则（试行）》的规定不够全面且行文逻辑不够清晰，没有体现从原则到规则，从处罚到救济的逻辑脉络，在实施中很难操作。

三、进一步完善《关于禁止违规炒作案件的规则（试行）》的建议

基于以上分析，笔者对进一步完善《关于禁止违规炒作案件的规则（试行）》提出以下建议：

1. 直接将标题修改为“律师发表庭外言论规则”

不在标题中使用“炒作”这一内涵和外延均不清晰的用语。考虑到已有其他规范性文件对庭内言论进行了充分规范，建议直接将《关于禁止违规炒作案件的规则（试行）》规范的言论范围限定在庭外言论。

2. 直接规定将无害原则作为律师发表庭外言论的总原则

在规定无害原则后，按照安全港规则、回应权规则、真实性规则、保密性规则的顺序设计相应的条文。基于正文每章的小结部分已对四个派生规则提出了立法建议，在此不再对《关于禁止违规炒作案件的规则（试行）》具体条文的修改建议进行赘述。

3. 律师庭外言论需进行综合治理

单靠律师协会的行业性自律规范难以完成这一任务，律师庭外言论应进行综合治理。对于删除违法律师庭外言论的规定，对于处罚流程及被处罚律师的救济途径等问题，都需要法律法规才能解决。因此，建议修改《律师法》以及司法行政机关的部门规章，通过立法规范律师庭外言论。

参考文献

一、中文参考文献

（一）著作类

北京市律师协会组编：《境外律师行业规范汇编》，中国政法大学出版社 2012 年版。

卞耀武：《中华人民共和国广告法释义及相关法律法规》，中国方正出版社 1995 年版。

陈碧：《谁为律师辩护》，中国法制出版社 2011 年版。

陈宜、李本森：《律师职业行为规则论》，北京大学出版社 2006 年版。

程啸：《侵权责任法》，法律出版社 2015 年版。

傅西路：《新闻自由与新闻真实》，上海人民出版社 1990 年版。

高一飞、龙飞等：《司法公开基本原理》，中国法制出版社 2012 年版。

郭小安：《当代中国网络谣言的社会心理研究》，中国社会科学出版社 2015 年版。

季卫东：《法律秩序的构建》，中国政法大学出版社 1999 年版。

刘建明：《社会舆论原理》，华夏出版社 2002 年版。

孙旭培：《论新闻报道的平衡》，当代中国出版社 1994 年版。

陶髦、宋英辉、肖胜喜：《律师制度比较研究》，中国政法大学出版社 1995 年版。

王进喜、陈宜：《律师职业行为规则概论》，国家行政学院出版社 2002 年版。

王进喜：《美国律师职业行为规则：理论与实践》，中国人民公安大学出版社 2005 年版。

王兆鹏：《美国刑事诉讼法》，北京大学出版社 2016 年版。

赵雪波等：《世界新闻法律辑录》，社会科学文献出版社 2010 年版。

左卫民：《中国司法制度》，中国政法大学出版社 2012 年版。

（二）外文译著类

[美] 伟恩 · R. 拉费弗等：《刑事诉讼法》（下册），卞建林等译，中国政法大学出版社 2003 年版。

[美] 理查德 · 戴维斯：《最高法院与媒体》，于霄译，上海三联书店 2014 年版。

[美] 约翰 · D. 泽莱兹尼：《传播法：自由、限制与现代媒介》（第四版），赵金玺、赵刚译，清华大学出版社 2007 年版。

[德] 汉斯－约阿希姆 · 诺伊鲍尔：《谣言女神》，顾牧译，中信出版社 2004 年版。

[德] 克劳思 · 罗科信：《刑事诉讼法》，吴丽琪译，法律出版社 2003 年版。

[法] 让－诺埃尔 · 卡普费雷：《谣言：世界最古老的传媒》，郑若麟译，上海人民出版社 2008 年版。

[美]T. 巴顿 · 卡特等：《大众传播法概要》，黄列译，中国社会科学出版社 1997 年版。

[美] 托马斯 · 杰弗逊：《杰弗逊集》（下），生活 · 读书 · 新知三联书店 1993 年版。

[美] 安东尼 · 刘易斯：《言论的边界》，徐爽译，法律出版社 2010 年版。

[美] 卡斯 · R. 桑斯坦：《谣言》，张楠迪杨译，中信出版社 2010 年版。

[美] 琼 · E. 雅各比、爱德华 · C. 拉特利奇：《检察官的权

利——刑事司法系统的守门人》，张英姿、何湘萍译，法律出版社2020年版。

[美]唐纳德·M.吉尔摩、杰罗姆·A.巴龙、托德·F.西蒙：《美国大众传播法：判例评析》，梁宁等译，清华大学出版社2002年版。

[美]詹姆斯·卡伦：《媒体与权力》，清华大学出版社2006年版。

[日]河合弘之：《律师职业》，唐树华译，法律出版社1987年版。

[日]森际康友：《司法伦理》，于晓琪、沈军译，商务印书馆2010年版。

[日]西田典之：《日本刑法各论》，刘明祥、王昭武译，法律出版社2013年版。

[日]佐藤博史：《刑事辩护的技术与伦理》，于秀峰、张凌译，法律出版社2012年版。

（三）期刊论文类

[日]河合弘之、卜一：《律师的广告与宣传》，《国外法学》1986年第5期。

陈光中、肖沛权：《关于司法权威问题之探讨》，《政法论坛》2011年第1期。

陈光中、张佳华、肖沛权：《论无罪推定原则及其在中国的适用》，《法学杂志》2013年第10期。

陈建云：《兼顾新闻自由与审判公正——美国法律处理传媒与司法关系的理念与规则》，《新闻理论》2016年第6期。

陈瑞华：《刑事辩护制度四十年来的回顾与展望》，《政法论坛》2019年第6期。

陈瑞华：《辩护律师调查取证的三种模式》，《法商研究》2014年第1期。

陈瑞华：《论辩护律师的忠诚义务》，《吉林大学社会科学学报》2016年第3期。

陈瑞华：《刑事辩护的几个理论问题》，《当代法学》2012年第1期。

陈实：《论刑事司法中律师庭外言论的规制》，《中国法学》2014年第1期。

陈效：《"律师—委托人"免证特权之理论探析》，《西部法学评论》2011年第3期。

陈宜：《律师行贿法官案背后的理性思考》，《行政法学研究》2005年第2期。

程恩富、管文杰：《律师保密义务的经济学探析——海派经济学的法学观点》，《江苏行政学院学报》2005年第6期。

迟涛：《律师广告规范的原则与规则探析》，《甘肃联合大学学报（社会科学版）》2013年第1期。

村岗启：《辩护人的作用及律师的伦理》，尹琳译，《外国法译评》1998年第2期。

但萍、潘基俊：《从詹泰尔案浅析美国律师的媒体言论规则》，《中国检察官》2015年第24期。

邓新民：《自媒体：新媒体发展的最新阶段及其特点》，《探索》2006年第2期。

封安波：《论转型社会的媒体与刑事审判》，《中国法学》2014年第1期。

高一飞、吴鹏：《检务公开中的不公开例外》，《广西社会科学》2014年第9期。

高一飞、吴鹏：《检务公开中的最大限度公开原则》，《岭南学刊》2015年第1期。

高一飞、潘基俊：《论律师媒体宣传的规则》，《政法学刊》2010年第2期。

高一飞：《国际准则视野下的媒体与司法关系基本范畴》，《东方法学》2010 年第 2 期。

高一飞：《互联网时代的媒体与司法关系》，《中外法学》2016 年第 2 期。

高一飞：《马戏团入城：2006 美国媒体与司法故事》，《新闻春秋》2015 年第 1 期。

高一飞：《媒体与司法关系规则的三种模式》，《时代法学》2010 年第 1 期。

高一飞：《美国的司法缄口令》，《福建论坛（人文社会科学版）》2010 年第 8 期。

高一飞：《美国司法对媒体的预先限制》，《新闻记者》2013 年第 7 期。

谷佳慧：《律师庭外言论的界限及其规制》，《成都理工大学学报（社会科学版）》2015 年第 6 期。

顾培东：《论对司法的传媒监督》，《法学研究》1999 年第 6 期。

郭雳：《关于规范律师广告的思考》，《政府法制》2002 年第 8 期。

侯健：《诽谤罪、批评权与宪法的民主之约》，载《法制与社会发展》2011 年第 4 期。

胡萌：《英国法中司法认定作为证据的可采性分析——兼与美国证据法作比较》，《证据科学》2016 年第 5 期。

胡田野：《新媒体时代律师庭外言论的规制》，《法学》2014 年第 1 期。

黄振中：《论新中国律师的变化与转型期之定位》，《法学评论》2010 年第 4 期。

冀祥德：《控辩平等原则的功能》，《法学论坛》2008 年第 3 期。

冀祥德：《控辩平等之现代内涵解读》，《政法论坛》2007 年第 6 期。

鞠尧尧：《浅论克减冤假错案的有效机制》，《荆楚学术》2018 年第 20 期。

黎燕燕、杨妮、柴进：《论虚假广告对消费者权益的侵害》，《法学杂志》2003年第6期。

李贵方：《保密是律师的义务也是权利》，《中国律师》2017年第9期。

李江靖：《论我国律师广告规范的完善》，《四川警察学院学报》2019年第2期。

李良荣、赵智敏：《试析当前新闻报道的平衡原则》，《新闻爱好者》2009年第3期。

李忠鹏：《律师事务所广告的社会福利分析》，《经济体制改革》2010年第5期。

廖斌、何显兵：《论网络虚假信息的刑法规制》，《法律适用》2015年第3期。

刘宪权：《网络造谣、传谣行为刑法规制体系的构建与完善》，《法学家》2016年第6期。

刘艳红：《网络时代言论自由的刑法边界》，《中国社会科学》2016年第10期。

刘译矾：《辩护律师忠诚义务的三种模式》，《当代法学》2021年第3期。

马晶、杨天红：《律师庭外言论的规制——兼论〈刑法修正案（九）〉泄露案件信息罪》，《重庆大学学报（社会科学版）》2016年第4期。

马静华、杜笑倩：《律师网络披露刑事证据行为的合规性与正当性分析》，《四川师范大学学报（社会科学版）》2021年第2期。

马勤：《舆论是否毒害了一个公正的陪审团——斯基林诉美国案评析》，《中国案例法评论》2017年第2期。

马勤：《在言论自由与审判公正之间——规制律师庭外言论的美国经验与启示》，《中国刑警学院学报》2021年第1期。

马永平：《控辩关系整体性重构的基点选择——评冀祥德教授〈控辩平等论〉》，《人民检察》2017年第1期。

孟思瑞等：《关于互联网时代律师庭外言论的思考》，《电子商务》2018年第5期。

宋英辉、李哲：《直接、言词原则与传闻证据规则之比较》，《比较法研究》2003 年第 5 期。

苏青：《网络谣言的刑法规制：基于〈刑法修正案（九）〉的解读》，《当代法学》2017 年第 1 期。

孙万怀、卢恒飞：《刑法应当理性应对网络谣言——对网络造谣司法解释的实证评估》，《法学》2013 年第 11 期。

谭世贵：《司法独立与媒体监督》，《中国法学》1999 年第 4 期。

王进喜：《律师广告问题研究》，《当代司法》1997 年第 10 期。

王进喜：《律师言论的界限》，《中国律师》2013 年第 11 期。

王一怀：《新闻自由与审判公正之间的平衡——加拿大刑事审判制度特点初探》，《江西社会科学》2004 年第 5 期。

王占明：《论作为人格权救济权之媒体回应权》，《私法研究》2012 年第 1 期。

魏永征：《“李案”余波和律师自媒体涉案言论的边界》，《新闻记者》2014 年第 3 期。

文武：《律师与人权保护》，《当代司法》1995 年第 5 期。

吴晨：《从法官判词看对律师言论的规制》，《中国律师》2017 年第 10 期。

吴晨：《规范业务推广行为，树立良好社会形象——解读〈律师业务推广行为规则（试行）〉若干禁止性规定》，《中国律师》2018 年第 3 期。

吴晨：《规制庭外言论和司法评论的域外范例》，《中国律师》2017 年第 9 期。

吴晨：《律师业务推广行为规则剖析》，《中国司法》2018 年第 3 期。

吴英女、沈阳、周琴：《微博意见领袖网络行为——“净网”前后的数据分析》，《新闻记者》2014 年第 1 期。

吴永乾：《美国诽谤法所称真正恶意法则之研究》，《中正大学法学集刊》2004 年第 15 期。

夏燕：《自媒体时代律师网络言论规制研究》，《四川理工学院学报》2017 年第 3 期。

谢伏瞻：《加快构建中国特色哲学社会科学学科体系、学术体系、话语体系》，《中国社会科学》2019 年第 5 期。

谢永江、黄方：《论网络谣言的法律规制》，《国家行政学院学报》2013 年第 1 期。

谢佑平、闫自明：《律师角色的理论定位与实证分析》，《中国司法》2004 年第 10 期。

闫海、李秋慧：《论律师广告的正当性及其法治建构》，《政法学刊》2020 年第 2 期。

阳东辉：《论我国律师网络广告法律规制之完善——美国的经验及其借鉴》，《法商研究》2019 年第 1 期。

杨立新：《民法典侵权责任编草案规定的网络侵权责任规则检视》，《法学论坛》2019 年第 3 期。

杨天红：《律师庭外言论的规制——比较法的考察与借鉴》，《大连理工大学学报（社会科学版）》2016 年第 1 期。

杨先德：《刑事司法中律师庭外言论法律问题探讨》，《政法论坛》2015 年第 3 期。

杨秀：《案件传播中的律师微博研究》，《重庆大学学报（社会科学版）》2015 年第 2 期。

杨浙京、程新生：《新闻自由与司法公正三题》，《人民司法》1998 年第 8 期。

杨宗科：《习近平德法兼修高素质法治人才培养思想的科学内涵》，《法学》2021 年第 1 期。

叶青、顾跃进：《律师业务广告宣传宜限不宜禁》，《中国律师》2001 年第 11 期。

易延友、马勤：《律师庭外辩护言论的自由与边界》，《苏州大学学报（法学版）》2021 年第 2 期。

殷闻：《刑事再审启动程序的理论反思——以冤假错案的司法治理为中心》，《政法论坛》2020 年第 2 期。

苑宁宁：《控辩平等原则下证据开示制度之反思》，《法学杂志》2011 年第 6 期。

岳业鹏：《论作为名誉损害救济方式的回应权——兼评〈出版管理条例〉第 27 条第 2 款规定》，《北方法学》2015 年第 5 期。

粘青：《浅谈平衡原则在法制新闻报道中的运用》，《中国报业》2016 年第 7 期。

张国全：《律师慎言义务研究》，《法律适用》2020 年第 17 期。

张明楷：《网络诽谤的争议问题探究》，《中国法学》2015 年第 3 期。

张书琴：《网络谣言刑法治理的反思》，《学海》2014 年第 2 期。

张迎涛：《律师协会惩戒权比较研究》，《公法研究》2009 年第 1 期。

赵恒喆：《律师庭外自媒体言论的规制——从 44 个影响性诉讼切入》，《克拉玛依学刊》2018 年第 3 期。

赵龙、杨林法：《律师协会处分行为之司法救济策论——以法律职业共同体之行政诉讼化解法律服务风险为视角》，《法律适用》2019 年第 23 期。

赵远：《“秦火火”网络造谣案的法理问题研析》，《法学》2014 年第 7 期。

郑未媚：《认罪认罚从宽背景下的法律援助值班律师制度》，《政法学刊》2018 年第 2 期。

郑晓剑：《比例原则在民法上的适用与展开》，《中国法学》2016 年第 2 期。

朱兵强、曾妍：《由任志强微博事件看自媒体言论的法律规制》，《传媒观察》2016 年第 5 期。

朱兵强：《网络时代律师庭外言论的规制》，《北京邮电大学学报（社会科学版）》2016 年第 4 期。

朱玉玲、王悠然：《刑事法律援助中的辩护质量探析》，《政法学刊》2018 年第 5 期。

左卫民：《诉讼爆炸的中国应对：基于 W 区法院近三十年审判实践的实证分析》，《中国法学》2018 年第 4 期。

（四）学位论文类

鲍静：《新媒体时代美国政府与媒体的共生和博弈关系研究》，上海大学 2020 年硕士学位论文。

陈惠东：《论律师庭外言论的规制——兼论泄露不应公开的案件信息罪》，武汉大学 2017 年硕士学位论文。

陈强：《律师庭外言论规制研究》，中央民族大学 2013 年硕士学位论文。

崔明伍：《表达自由与司法权威和公正：欧洲人权法院判例研究》，安徽大学 2019 年硕士学位论文。

管宇：《论控辩平等原则》，中国政法大学 2006 年博士学位论文。

郭睿：《律师在法律职业共同体中的角色定位》，黑龙江大学 2020 年硕士学位论文。

姜鹏：《论我国刑事司法中律师庭外言论权》，云南大学 2015 年硕士学位论文。

李晛：《媒体回应权研究》，辽宁大学 2018 年硕士学位论文。

李兴华：《关于王致和商标海外被抢注案的案例分析》，兰州大学 2011 年硕士学位论文。

刘敏：《媒介生态视阈下的新闻平衡报道研究》，复旦大学 2012 年博士学位论文。

王占伟：《自媒体环境下刑事律师庭外言论的规制》，山东大学 2016 年硕士学位论文。

徐锋：《论我国刑事律师庭外言论的规制》，吉林大学 2016 年硕士学位论文。

许鹏飞：《我国刑事司法中律师庭外言论的规制》，南京大学 2016 年硕士学位论文。

于林洋：《广告荐证的法律规制研究》，西南政法大学 2011 年博士学位论文。

张莹莹：《论刑事律师庭外言论的法律规制》，安徽大学2015年硕士学位论文。

二、外文参考文献

（一）著作类

S. Shetreet ed. eds., *Judicial Independence: The Contemporary Debate*, London: Oxford Univ Press.

Edgar Morin, *Rumour in Orléans,* London: Pantheon Books, 1971.

（二）期刊论文类

Gavin Phillipson, "Trial by Media: The Betrayal of the First Amendment's Purpose," *Law and Contemporary Problems,* Autumn 2008.

Gordon W. Allport & Leo Postman, "An Analysis of Rumor" , *The Public Opinion Quarterly,* Vol. 10, No. 4 (Winter), 1946-1947.

H. Morley Swingle, "Warning: Pretrial Publicity May Be Hazardous to Your Bar License" , *J. Mo. B.*, Vol. 50, 1994.

Kevin C. Mc Munigal, "The Risks, Rewards, and Ethics of Client Media Campaigns in Criminal Cases" , *Ohio Northern University Law Review,* 2008.

Loretta S. Yuan, "Gag Orders and the Ultimate Sanction" , *Loyola of Los Angeles Entertainment Law Journal,* 1998.

Marjorie P. Slaughter, "Lawyers and the Media: The Right to Speak versus the Duty to Remain Silent" , *Georgetown Journal of Legal Ethics,* 1997.

Mark J. Geragos, "The Thirteenth Juror: Media Coverage of Supersized Trials" , *Loyola of Los Angeles Law Review,* 2006.

Nadine Strossen, "Free Press and Fair Trial: Implications of the O. J. Simpson Case Transcript" , *University of Toledo Law Review,* 1995.

Nicholas DiFonzo & Prashant Bordia: "Rumor Psychology: Social and Organizational Approaches " , *American Psychological Association,* 2007.

Ralph L. Rosnow, "Rumor as Communication: A Context list Approach" , *Journal of Communication,* Vol. 38, March 1988.

Robert Justin Lipkin, "The Anatomy of Constitutional Revolutions" , *Nebraska Law Review*, Vol.68, 1989.

Scott C. Pugh, "Checkbook Journalism, Free Speech, and Fair Trials" , *University of Pennsylvania Law Review,* 1995.

Scott M. Matheson, "The Prosecutor, the Press, and Free Speech" , *Fordham Law Review,* 1990.

Sheryl A. Bjork, "Indirect Gag Orders and the Doctrine of Prior Restraint" , *University of Miami Law Review,* 1989.

Terri A. Belange, "Symbolic Expression in the Courtroom: The Right to a Fair Trial Versus Freedom of Speech" , *George Washington University Law Review,* 1994.

Warren A. Peterson & Noel P. Gist, "Rumor and Public Opinion" , *American Journal of Sociology,* Vol. 57, Sep. 1951.

William H. Simon, "Ethics, Professionalism, and Meaningful Work" , *Hofstra Law Review,* Vol. 26, 1997.

（三）学位论文类

AM. Langlois, *Mediating transgressions: The global justice movement and Canadian news media,* Doctoral dissertation, Concordia University, 2004.

V. V. L. N. Sastry, *Influence of Trial by Media on the Criminal Justice System in India,* Doctoral dissertation,Walden University, 2019.

后　记

随着《律师庭外言论规则研究》的篇章缓缓落幕，我的心中充满了复杂而深切的情感。这不仅是一次学术探索的旅程，更是我个人成长和思考的记录。作为一名从业十多年的刑事辩护律师，我深知律师庭外言论的问题承载着重重的责任与使命，这份重量让我无数次夜不能寐，思考着如何在法律的严格框架和人性的柔软光辉之间寻找那一线微妙的平衡。

在这份探寻中，我回到了母校西南政法大学，一个曾经给予我无数知识和勇气的地方。从 2001 年的青涩踌躇，到 2008 年的稍显成熟，再到 2017 年重回学府的坚定脚步，每一次的归来都让我对这片沃土充满了深深的眷恋与感激。重庆，这座英雄的城市，以它独有的魅力孕育了我的梦想与执着，每一块石板路，每一条山城小巷，都承载着我对法学追求的初心和梦想。

在这条漫长而又艰辛的学术探索之路上，我的初衷和动力源自我作为一名刑辩律师的深刻思考。在法庭内外，我亲历了律师言论自由与司法公正之间微妙而复杂的关系，这些经历如同一把锋利的双刃剑，既展现了法律职业的力量，也暴露了其面临的挑战。正是这些切身的体验，激发了我对辩护律师庭外言论规则深入研究的渴望，我希望通过自己的努力，能够为这个领域贡献出一份力量，哪怕仅是星星之火，也愿它能照亮法律实践的某个角落。

律师行业作为法治社会的重要组成部分，其法治价值不仅体现在为当事人提供法律服务上，更在于其对法律正义的追求和维护。律师的庭外言论，作为法律专业知识与公众理解之间的桥梁，承担着普法教育、促进司法透明度、维护公众利益等多重社会功能。基于这样的认识，我更加坚定了探索律师庭外言论规则的必要性，因为它关系到法治社会的根基——信任与权威的构建。

此外，选题的理论价值也是我投身于这项研究的重要原因。在法学领域，辩护律师庭外言论的规范问题涉及法律、伦理、社会等多个维度的考量，它既是对现有法律理论的挑战，也是对法律实践智慧的考验。通过深入分析和系统研究，我希望能够为构建更为合理的律师庭外言论规则体系提供理论支撑，促进法律理论的发展，丰富法学研究的内容和形式。这不仅是对个人学术追求的满足，更是对法治建设贡献的体现。

在这本书的写作过程中，我将这些思考融入每一章节、每一个字句之中，希望能够与读者分享这份对法律的热爱和对正义的执着追求。在法律的世界里，我们或许都是寻求光明的旅人，愿我们在探索的路上，不忘初心，砥砺前行。

我的学术之路，离不开那些年我遇到的恩师。周祖成老师、陆幸福教授，你们像灯塔一般，照亮我前行的道路，用你们的智慧和热情点燃了我对法律深层次探索的渴望。我本科的授课老师高一飞教授在我撰写博士论文的过程中，给我提供了大量的资料并全程指导。在我心中，你们不仅是引领我走进法学殿堂的导师，更是我人生旅程中的指路明灯。

在书写这本专著的过程中，我还要感谢那些在幕后默默支持我的人。广西泺达律师事务所的搭档沈钰琦律师以及其他同人们，是你们的理解和支持，让我能够在繁忙的工作之余，仍旧坚持我的学术梦想。编辑庞老师，您的专业与细心让这本书的每一个细节都凝聚了智慧与心血，是您使得这本专著得以完美呈现。

此刻，当这本书终于与世界相遇，我心中满是欣喜和不舍。欣喜的是，我的思考和探索终将与更多的读者分享；不舍的是，这段旅程的结束，也意味着新的开始。我希望这本书能够成为一盏灯，为更多探寻法律真谛的旅人提供光亮，让我们在法律的天空下共同寻找那份最纯粹的公正与正义。

张　培

2024 年 5 月 10 日

于广西泺达律师事务所南宁总所办公室